Lorenz Gräf

Online-Befragung

Sozialwissenschaftliche
Methoden

Band 3

LIT

Lorenz Gräf

ONLINE-BEFRAGUNG

Eine praktische Einführung für Anfänger

LIT

Bibliografische Information der Deutschen Nationalbibliothek
Die Deutsche Nationalbibliothek verzeichnet diese Publikation in der Deutschen Nationalbibliografie; detaillierte bibliografische Daten sind im Internet über http://dnb.d-nb.de abrufbar.

ISBN 978-3-8258-9771-0

Verlagskontakt:
Fresnostr. 2 D-48159 Münster
Tel. +49 (0) 2 51-620 320 Fax +49 (0) 2 51-922 60 99
e-Mail: lit@lit-verlag.de http://www.lit-verlag.de

Auslieferung:
Deutschland: LIT Verlag Fresnostr. 2, D-48159 Münster
Tel. +49 (0) 2 51-620 32 22, Fax +49 (0) 2 51-922 60 99, e-Mail: vertrieb@lit-verlag.de
Österreich: Medienlogistik Pichler-ÖBZ, e-Mail: mlo@medien-logistik.at
Schweiz: B + M Buch- und Medienvertrieb, e-Mail: order@buch-medien.ch

Vorwort

Online-Umfragen sind längst nicht mehr nur in der Markt- und Sozialforschung zu Hause. Sie haben inzwischen neue, weit umfassendere Bereiche erobert: Personalmanagement, Marketing, Qualitätsmanagement sind nur einige Beispiele - und die Liste könnte beliebig fortgeführt werden.

Die zunehmende Verbreitung hat zur Folge, dass sowohl Verantwortliche wie Durchführende von Umfrage-Projekten häufig nur geringes methodisches Vorwissen haben. Dabei sind gewisse Grundkenntnisse natürlich unerlässlich, um Online-Umfragen richtig und erfolgreich durchführen zu können.

Dieses Buch wurde mit Blick auf die Bedürfnisse derjenigen Menschen geschrieben, die sich neu mit dem Thema Online-Umfragen auseinandersetzen. Es ist daher einfach geschrieben, aber nicht vereinfachend. Es legt den Schwerpunkt auf die Praxis, ohne das theoretische Rüstzeug zu vernachlässigen.

Im ersten Teil des Buches werden die wichtigsten Grundlagen von Online-Befragungen erläutert. Hinweise und Tipps zur richtigen Formulierung von Fragen runden den Teil ab. Im zweiten Teil wird an einem Praxisbeispiel Schritt für Schritt dargestellt, wie eine Online-Befragung effizient umgesetzt werden kann.

Ziel des Buches ist, seine Leserinnen und Leser in ihrem Alltag zu unterstützen. Es basiert auf über zehn Jahren professioneller Erfahrung mit Online-Umfragen und reflektiert den aktuellen Stand der Wissenschaft. Entsprechende Studien werden dort zitiert, wo sie für die Praxis relevant sind.

Weiterführendes Material, vor allem zu methodischen Fragen, steht im Internet zur Verfügung unter folgender URL:
http://www.online-forschung.de/buch

Danksagung

An dieser Stelle möchte ich all jenen danken, die mich bei der Erstellung dieses Buches unterstützt haben. Mein erster und ganz besonderer Dank geht an Christine Wiebalck, die große Teile der Praxisanleitung zusammengestellt hat. Ein großes Dankeschön geht ebenfalls an Chris Ulrich, die bei den Schritt für Schritt-Anleitungen und abschließenden Korrekturen geholfen hat.

Von Herzen danken möchte ich meiner Frau Ulla für ihre liebevolle Unterstützung und den sprachlichen Feinschliff.

Achim Daiber hat für Konsistenz bei der Formatierung gesorgt, Ronny Edelstein hat beim Design unterstützt. Ihnen sei ebenfalls herzlich gedankt. Bedanken möchte ich mich nicht zuletzt bei Michael Bosnjak und Lars Kaczmirek, die das Buch in einer früheren Fassung gelesen und wertvolle Kommentare gegeben haben.

Inhalt

1 Die Bedeutung von Online-Umfragen

Das Internet hat sich innerhalb einer Dekade als universelles Informations- und Kommunikationsmedium durchgesetzt. Seine Durchdringung variiert in unterschiedlichen Lebensräumen. In den Hochschulen weltweit kann mittlerweile jeder Forscher mit jedem anderen über das Internet in Verbindung treten. In Deutschland waren 2009 durchgängig drei Viertel der Bevölkerung online erreichbar[1]. Die Teilnahme am öffentlichen Leben, die Kommunikation mit Behörden und der Einkauf von Gütern werden nachhaltig durch das Internet unterstützt. Durch diese Entwicklungen, auf der Basis der neuen Kommunikationstechnik, entstand ein neuer Befragungskanal, der die Befragungen allgemein revolutionieren wird.

Unter Online-Umfragen werden im Folgenden Befragungen verstanden, die unter Nutzung der Internet-Technologie durchgeführt werden. Dies betrifft sowohl Befragungen im Internet wie auch Befragungen in Intranets. Im angelsächsischen Sprachraum hat sich dafür die Bezeichnung CAWI (Computer Aided Web Interview) durchgesetzt. Online-Umfragen vereinigen Kennzeichen aus zwei Welten: Sie zählen zu den computergestützten Verfahren wie CATI (Computer Assisted Telephone Interview) oder CAPI (Computer Assisted Personal Interview) und sie gehören zu den selbst administrierten Befragungen, wie z. B. papierbasierte schriftliche Befragungen.

Es ist zu erwarten, dass sich Online-Umfragen, was die Häufigkeit betrifft, zum bedeutsamsten Erhebungsverfahren entwickeln. In den USA erzielen die Forschungsinstitute mit Online-Befragungen bereits knapp 9

---

[1] Destatis: 73 % der privaten Haushalte haben einen Internetzugang. 03.12.2009. http://www.destatis.de/jetspeed/portal/cms/Sites/destatis/Internet/DE/Presse/pm/2009/12/PD09__464__IKT.psml. Stand: 12.04.2010.

Mrd. $ und in Deutschland 3 Mrd $ (2008)[2]. Hinzu kommen zahlreiche Befragungen, die durch betriebliche Marktforscher selbst durchgeführt werden und daher nicht in Umsatzstatistiken eingehen sowie Erhebungen bei Mitarbeiterbefragungen, Kundenzufriedenheitsbefragungen und Evaluationen. Auch im Bereich der wissenschaftlichen Befragungen im Rahmen der empirischen Sozialforschung und für repräsentative Befragungen allgemein werden Online-Befragungsformen zunehmend wichtiger. Dies wird besonders deutlich, wenn man bedenkt, dass der Anteil derjenigen, die nicht mehr per Festnetz, sondern nur noch per Mobiltelefon erreichbar sind und somit für klassische CATI-Befragungen nicht mehr zur Verfügung stehen, in Europa 30 % und in USA 20 % beträgt (2009)[3].

Die Geschichte der wissenschaftlichen Erforschung von Online-Befragungen beginnt im deutschsprachigen Raum 1994[4]. In der Anfangszeit waren viele der im Internet auffindbaren Umfragen mit handwerklichen Fehlern versehen und hätten den Ansprüchen einer Erstsemesterarbeit in Methoden nicht genügt. In der Folgezeit entstanden „FAQs" (Frequently Asked Questions) und HowTo-Seiten, die sich zumeist mit technischen Aspekten beschäftigten. 1996 gründeten Bernad Batinic und Andreas Werner die German Internet Research List (GIR-L) und gaben den aufkommenden Methodendiskussionen einen thematischen und formalen Rahmen. Aus dieser Liste entstand 1997 die Idee zur German Online Research Konferenz (GOR), einer der weltweit wichtigsten Fachtagungen zum Thema Online-Forschung. Dort werden inzwischen jähr-

---

[2] GfK: Management report of the GfK Group, S.67. http://www.gfk.com/gb2009/. Stand: 21.04.2010.

[3] Macer, Tim: Mobile fallout - to be ignored at your peril. 15.03.2010. http://www.meaning.uk.com/analysis/conferences/mobile-fallout/. Stand: 12.04.2010.

[4] http://blog.online-forschung.de/2005/04/30/erste-www-umfrage-in-deutschland/

lich die neuesten Befunde zur Methodenforschung diskutiert. 1998 wurde aus dem Umkreis der Mailingliste und der GOR-Konferenz die Deutsche Gesellschaft für Online-Forschung (DGOF) gegründet[5]. In den letzten Jahren vor der Jahrtausendwende kam es zu einer Gründungswelle von Online-Befragungs-Instituten und Online-Software-Firmen, die seither mit den etablierten ADM[6]-Instituten zu den wichtigsten Playern im Bereich Online-Umfragen zählen. Inzwischen spielen Online-Umfragen auch bei den ADM-Instituten eine starke Rolle. 2008 wurden bereits 31 % der quantitativen Interviews online durchgeführt[7].

Der durchschlagende Erfolg von Online-Umfragen erklärt sich neben den Vorteilen auf Seiten der Respondenten (Zeitsouveränität, Aufwandsentschädigung, Spaß an der Beantwortung) vorwiegend durch eine deutliche Veränderung der Kostenstruktur. Bei gleich bleibenden Kosten für die Erarbeitung von Untersuchungsdesign, Frageinstrument und Auswertungsplan sinken die Kosten für Logistik, Qualitätssicherung und Codierung merklich. Einmal aufgesetzte Befragungen können mit geringen Kosten vervielfältigt und mehrfach eingesetzt werden. Medienbrüche verschwinden.

Leistungsfähige Software zur Erstellung von Online-Umfragen, die randomisierte Items, Rotationen von Seiten, Zweigen oder Antwortgruppen sowie komplexe Filter, Multimediaelemente und vieles mehr enthält, macht es zunehmend einfacher, qualitativ hochwertige Befragungen in überschaubarer Zeit zu erstellen. Sind die Respondenten durch Listen von E-Mail-Adressen bekannt, sinken die Kosten gegenüber Befragungsformen, bei denen Interviewer eingesetzt werden, noch einmal deutlich.

---

[5] Zur Geschichte von GIR-L, GOR und DGOF informiert die Seite http://www.online-forschung.de/gir-l/home.html

[6] Arbeitskreis Deutscher Markt- und Sozialforschungsinstitute e.V.

[7] ADM: Quantitative Interviews der Mitgliedsinstitute des ADM nach Befragungsart. http://www.adm-ev.de/. Stand: 09.04.2010.

Diese veränderten Randbedingungen sorgen dafür, dass Befragungen neben den bisher gewohnten Fachbereichen in zahlreichen anderen Einsatzgebieten starke Verbreitung finden. Aus der Befragungsforschung wird eine universelle Feedback-Systematik. Überall dort, wo Leistungen erbracht werden, wird die Qualität der Leistung von denen beurteilt, die die Leistung entgegennehmen. Befragungen sind das universelle Mittel, um von Auskunftgebern Rückmeldung zu erhalten. Dies gilt für die Beurteilung der Leistung von Führungskräften genauso wie für die Beurteilung der Arbeit von Servicemitarbeitern. Ebenso gilt es für die Überprüfung der Zuverlässigkeit von Produkten sowie für die Zufriedenheit in der Nutzung von Gütern. Entsprechend vielfältig sind die Einsatzbereiche von Online-Befragungen.

Für jeden dieser Einsatzbereiche gelten dieselben Standards, wie sie in der empirischen Sozialforschung für die wissenschaftlich gültige Datengewinnung aufgestellt wurden. Damit weitet sich das Know-how der empirischen Sozialforschung in sehr viele andere Domänen aus. Die Grundlagen für qualitativ ausreichende Datenerhebung sind universell.

Die Auswahl der Beobachtungseinheiten erfolgt in systematischer Weise, um Falschaussagen aufgrund verzerrter Stichproben zu vermeiden. Die Fragebogeninstrumente sind so gestaltet, dass sie ein systematisches Interview-Gespräch simulieren und möglichst verzerrungsfrei die tatsächliche Disposition oder Meinung des Respondenten abbilden. Zuletzt erfolgt die Auswertung nach wissenschaftlichen Routinen, die ebenfalls dazu dienen, systematisch falsche Aussagen zu vermeiden[8].

---

[8] Diese Ausbreitung der Domain-Kenntnisse der empirisch ausgebildeten Soziologen, Psychologen und Sozialwissenschaftler bietet nicht nur neue Beschäftigungschancen, sie ist auch Verpflichtung für den systematischen Einbau von Online-Forschung in das Curriculum der Methoden-Ausbildung. Zugleich bieten die guten Möglichkeiten der Internet-Befragung vielfältige Möglichkeiten, die Themen der empirischen Sozialforschung praxisnah zu vermitteln.

Online-Umfragen bieten vielfältige Möglichkeiten für Methodenforschung. Da Online-Umfragen einfach aufgesetzt werden können und Probanden für Methodenforschung auch eher einfach zu finden sind, werden zahlreiche Methodenexperimente durchgeführt. Sehr kleinschrittig und facettenreich können vielfältige Aspekte von Befragungen experimentellen Tests unterzogen werden. Viele Fragen, die bisher Praktiker auf der Basis von Intuition und Erfahrung entscheiden mussten, können nun auf der Basis von empirischen Befunden beantwortet werden. Man denke etwa an die Fragen zur Visualisierung von Skalen oder an Analysen über Abbruchverhalten bei selbstadministrierten Interviews. Trotz der zahlreichen Forschungsaktivitäten steht aber die Methodenforschung zu Online-Umfragen noch am Anfang[9].

In den zurückliegenden fünfzehn Jahren hat sich insbesondere die quantitative Befragungsform stark verbreitet. Qualitative Formen wie Online Focus Groups, Bulletin Boards oder Blogs finden sich zwar, ihre Relevanz für den Forschungsalltag ist jedoch bisher deutlich geringer als die quantitativer Formen. Die Ausführungen im folgenden Teil beschränken sich daher auf quantitative Befragungen. Ebenfalls nicht thematisiert werden in diesem Text Web-Experimente und Beobachtungen im Web. Auch computergestützte Fernsehbefragungen werden im Folgenden nicht explizit berücksichtigt.

Die Befundlage zur Methodik von Internet-Befragungen erweitert sich rasch. Über den aktuellen Stand der Methodenforschung informieren

[9] Die Zentren der Methodenforschung finden sich in den USA, insbesondere bei den Forschergruppen um die großen Survey Research Methodology Center, wie z. B. an der University of Michigan oder bei dem Rand Statistical Consulting Service. Die jährlichen GOR-Konferenzen der DGOF haben zwar mitgeholfen eine substantielle Forschungsaktivität in Deutschland aufzubauen, in Tiefe und Breite reicht das aber nicht an die amerikanische Forschungslandschaft heran. Schwerpunkte in Deutschland bilden in Mannheim das GESIS und eine universitäre Forschergruppe um Michael Bosnjak.

Portale im Internet wie auch die Seiten der GESIS und der zuständigen Verbände[10].

[10] Einen deutschsprachigen Überblick bietet Online-Forschung.DE (http://www.online-forschung.de/). Über die internationale Szene informiert das Portal Web Survey Methodology http://www.websm.org/

2 Das Online-Interview

Ein Online-Interview besteht aus einer Folge von Internet-Seiten. Ein Online-Fragebogen setzt sich aus mindestens zwei Internet-Seiten zusammen, einer Internet-Seite, die Formularelemente enthält, und einer, die auf das Formular antwortet. In der Regel wird dort der Erhalt der Antwortdaten bestätigt. In der Praxis enthält ein Internet-Fragebogen wesentlich mehr als zwei Seiten.

Eine Seite enthält eine oder mehrere Fragen. Die unterschiedlichen Seiten sind durch Session-Identifier miteinander verbunden, damit die Antworten unterschiedlicher Befragter nicht miteinander vertauscht werden. Zumeist werden die erhaltenen Daten direkt in einer Datenbank abgelegt. Nach dem Absenden einer Seite an den Server entscheidet dieser über die nächste auszuliefernde Seite. Durch den Einsatz von intelligenter Technologie können optimal angepasste Fragebögen ausgeliefert werden. Die Inhaltsseiten einer Befragung werden meist von den eingesetzten Programmen zum Zeitpunkt des Seitenabrufs zusammengesetzt. Das Setzen von Cookies zur Durchführung von Online-Interviews ist nicht notwendig[11].

2.1 Die Formen des Online-Interviews

Mit Blick auf die Stichprobe lassen sich drei vorherrschende Interview-Formen unterscheiden:

1. Anonyme Umfragen
2. Personalisierte Umfragen
3. Panelbasierte Umfragen

---

[11] Ein Cookie (Am. Englisch „Plätzchen, Keks“) ist ein kurzer Eintrag in einer meist kleinen Datenbank oder in einem speziellen Dateiverzeichnis auf einem Computer und dient dem Austausch von Informationen zwischen Computerprogrammen oder der zeitlich beschränkten Archivierung von Informationen (vgl.: http://de.wikipedia.org/wiki/Cookie).

Sind die Teilnehmer einer Befragung vor Beginn der Feldphase nicht bekannt, spricht man von anonymen Umfragen. Bei personalisierten Umfragen liegt die Stichprobe vor Beginn der Befragung fest und es kann angegeben werden, wer zu einer Umfrage eingeladen wird. Personalisierte Umfragen basieren in der Regel auf Listen von E-Mail-Adressen, die Personen zugeordnet werden können. Ein Sonderfall hiervon sind panelbasierte Umfragen. Damit sind personalisierte Umfragen gemeint, zu denen Mitglieder eines Panels eingeladen werden.

2.2 Anonyme Umfragen

Anonyme Umfragen stellen die einfachste Form von Web-Befragungen dar. Sie finden sich auf vielen Internet-Präsenzen. Unter ihnen gibt es viele Gelegenheitsumfragen, die wissenschaftlichen Ansprüchen selten genügen.

2.2.1 Selbst rekrutierte Befragungen

Diese Befragungsformen zeichnen sich dadurch aus, dass jeder daran teilnehmen kann, der auf diese Befragung aufmerksam wird. Die häufigsten Formen sind:

- Banner-Ads: Teilnahmeaufrufe, die in Werbeflächen eingearbeitet sind
- Kurze Einzelfragen in der Form von Quick-Votes: in eine Webseite integrierte Befragung
- Als redaktioneller Link aufbereiteter Aufruf zu einer Umfrage
- Aufruf in einer Newsgroup
- Redaktioneller Hinweis in einem Newsletter

Die Ergebnisse solcher Befragungen dienen eher Marketingzwecken. Sie lassen sich auf keine Grundgesamtheit verallgemeinern. In der Logik der

Auswahlverfahren entsprechen sie den Stichproben aufs Geradewohl. Solche Gelegenheitsumfragen werden zumeist als Click-Me-Befragungen bezeichnet.

Die große Schwäche dieser Umfragen besteht darin, dass die Selektivitäten, auf denen die Entscheidung zur Teilnahme beruht, nicht abgeschätzt werden können. Am Beispiel eines Banner-Ads sei dies verdeutlicht. Wenn z. B. auf der fiktiven Website schlaglicht.de ein Banner zur Teilnahme an einer Umfrage aufruft, dann ist erstens unbekannt, wie viele Besucher den Aufruf gesehen und wahrgenommen haben. Zweitens können keine Aussagen getroffen werden, welche Personen auf den Teilnahmeaufruf reagiert haben und was noch wichtiger ist, welche Personen nicht zur Teilnahme bewegt werden konnten. Das prinzipienbedingte Versagen dieser Umfrageformen kann auch nicht durch eine große Zahl von Umfrageteilnehmern verbessert werden, im Gegenteil: Häufig suggeriert eine hohe Zahl von Umfrageteilnehmern die Verallgemeinerbarkeit von Befragungsergebnissen, verschlimmert aber häufig die Befundlage, da systematische Verzerrungen sich umso deutlicher niederschlagen.

2.2.2 Intercept-Befragungen

Bei Intercept-Befragungen werden Besucher einer Website nach einem systematischen Verfahren aufgefordert, an einer Befragung teilzunehmen. Korrekt durchgeführt erhält man auf diese Weise eine zufällig zusammengesetzte Stichprobe der Nutzer einer bestimmten Website. Der elementare Unterschied zu den selbstselektiven Stichproben besteht darin, dass der Besucher nicht selbst entscheiden kann, ob er zur Stichprobe gehören möchte oder nicht. In der Regel werden Besucher einer Website zu irgendeinem Zeitpunkt ihres Besuchs in ihrer normalen Nutzung der Website unterbrochen (daher der Name Intercept) und gebeten, an einer Befragung teilzunehmen. In systematischer Weise lassen sich zwei Variationsmöglichkeiten des Verfahrens unterscheiden, die nach Zeitpunkt und die nach Art der Unterbrechung, die ihrerseits wiederum Varianten aufweisen. So unterscheidet man, je nachdem zu welchem Zeitpunkt die Unterbrechung erfolgt:

- On-Enter-Befragung: Befragt werden Personen, die eine Website betreten.
- On-Exit-Befragungen: Die Personen werden beim Verlassen einer Website befragt.
- On-Event-Befragungen: Die Personen werden befragt, sobald sie eine bestimmte Aktion durchgeführt oder einen bestimmten Weg durch die Website zurückgelegt haben.

Eine zweite Unterscheidung bezieht sich auf die Art, mit der die Unterbrechung geschieht. Aktuell werden folgende Varianten verwendet:

- Popup-Befragung: Bei dieser Variante wird ein neues Browser-Fenster auf einem Teilbereich des Bildschirms geöffnet.
- Layer-Befragung: Bei diesem Verfahren wird ein bestimmter Bereich des Bildschirms mit Inhalt gefüllt und überlagert den sonst dargestellten Inhalt. Layer sind Teil der ausgelieferten Website und können nicht geblockt werden.

Beide Varianten werden häufig zu Werbezwecken verwendet. Infolge zunehmender Ablehnung von Werbemitteln im Internet sinken die Teilnahmequoten bei den Umfragen, die auf solchen Verfahren aufbauen. Für die Befragung der Besucher von Websites gibt es zu diesen Verfahren jedoch keine Alternative. Da Personen im Internet in der Regel anonym unterwegs sind, müssen besondere Vorkehrungen getroffen werden, um Besucher und Nicht-Besucher als Auswahlgrundlage zu nehmen. Dies lässt sich nur unter Zuhilfenahme von Cookies realisieren. Personen, die aufgrund des Stichprobenalgorithmus beim ersten Besuch nicht in die Stichprobe gefallen sind, sollen auch bei eventuellen Folgebesuchen innerhalb der Feldzeit nicht in die Stichprobe aufgenommen werden. Als Algorithmus zur Bildung der Stichprobe kommt in der Regel eine Schrittweitenzählung oder eine clientseitige Zufallszahlenbestimmung zum Einsatz. Daher spricht man auch von n-ten Intercept-Verfahren.

Der Einsatzzweck solcher nth-Intercept-Befragungen sind häufig Onsite-Befragungen zur Beurteilung einer Website oder zur demographischen Erfassung der Nutzerschaft. Sie können aber auch genutzt werden, um Kundenzufriedenheitsbefragungen durchzuführen oder um Befragungen beliebiger Art unter einer durch eine Website bestimmten Zielgruppe durchzuführen. Die Grundgesamtheit dieser Befragungen ist immer die Besucherschaft einer Website in einem bestimmten Zeitraum.

Bei Intercept-Befragungen ergibt sich ein typischer Antwortverlauf. In den ersten Tagen dominieren die täglichen und die Mehrfachbesucher die Stichproben. Im weiteren Feldverlauf werden dann auch die selteneren Besucher erreicht. Die Laufzeit solcher Befragungen schwankt zwischen einer und vier Wochen. Die Ausschöpfungsquoten sind seit dem Aufkommen dieser Befragungen kontinuierlich zurückgegangen. Konnte man 2001 noch mit Ausschöpfungsraten von 30 bis 40 % rechnen, so wurden 2008 Quoten von zwei bis sechs Prozent erzielt[12]. Die Beendigungsquote variiert mit der Länge des Fragebogens. Bei mittlerer Länge, d.h. 15 Fragebogenseiten, kann von einer Abbrecherquote von 30 % ausgegangen werden. Die Beendigungsquote liegt dann entsprechend bei zwei bis sechs Prozent der angesprochenen Besucher[13].

---

[12] marktforschung.de: Methode des n-ten Besuchs. 31.05.2008. http://www.marktforschung.de/austausch-service/wiki-lexikon/marktforschung/methode-des-n-ten-besuchs/. Stand: 21.04.2010.

[13] Die Zahlen beruhen auf Berechnungen von Globalpark. Globalpark ist eine Softwarefirma, die Tools zur Durchführung von Online-Umfragen bereitstellt und zum Einsatz dieser Befragungen Forschungen durchführt. Ihr Sitz ist in Hürth bei Köln.

2.2.3 Gemeinsame Kennzeichen anonymer Umfragen

Allen Verfahren anonymer Umfragen ist gemeinsam, dass diese Befragungen im Falle von längeren Unterbrechungen nicht wieder aufgenommen werden können. Wenn der Browser, in dem der Fragebogen dargestellt wird, geschlossen wurde, kann bei einem späteren Versuch, die Befragung fortzusetzen, nicht mehr erkannt werden, welchem Befragungsvorgang ein Fragebogen zugeordnet werden soll. Es wird daher in der Regel kein neuer Fragebogen ausgeliefert und der erneute Aufruf der Befragung verweigert.

Weiterhin gestaltet sich die zuverlässige Ausschaltung von Mehrfachteilnahmen schwierig. Im Falle von selbstrekrutierten Befragungen reicht es aus, den Computer zu wechseln und von einem anderen Computer aus erneut die Befragung aufzurufen. Bei Stichproben, die auf dem nth-Intercept-Verfahren beruhen, ist die Mehrfachteilnahme prinzipbedingt schwieriger. Hier muss der potentielle Mehrfachteilnehmer versuchen, über die Nutzung verschiedener Browser-Computer-Kombinationen in die Stichprobe zu gelangen. Bei allen anonymen Umfragen müssen daher nach Feldende besondere Prüfungen angestellt werden, um mögliche Mehrfachteilnahmen zu entdecken und die Daten zu bereinigen. Wegen solcher und anderer Auffälligkeiten sind z. B. im Projekt Perspektive Deutschland[14] drei bis fünf Prozent aller Antwortenden von der Datenanalyse ausgeschlossen worden.

---

[14] Perspektive-Deutschland ist eine Internet-Umfrage, die von 2001/2002 bis 2005/2006 regelmäßig durchgeführt wurde. Alle interessierten Bürger konnten dabei einen digitalen Fragebogen zu verschiedenen gesellschaftlichen und politischen Themen ausfüllen. (Vgl. Wikipedia: Perspektive-Deutschland. 01.05.201. http://de.wikipedia.org/wiki/Perspektive-Deutschland. Stand: 24.06.2010.)

2.3 Personalisierte Umfragen

Personalisierte Umfragen stellen die gebräuchlichste Form von Internet-Befragungen dar. Sie setzen eine Liste der Personen der Auswahlgesamtheit voraus. Allgemein gesprochen werden Personen einer Auswahlgesamtheit zu einer Befragung eingeladen. Jede einzelne Person erhält dabei einen eineindeutigen Zugang zur Befragung, der nur von einer Person genutzt werden kann und nur einmal gültig ist. In Bezug auf die Einladung können mehrere Varianten unterschieden werden:

- Einladung per E-Mail: Bei diesem Verfahren werden an die Stichprobenteilnehmer E-Mails versandt. In der E-Mail befindet sich meistens ein codierter Link, der vom Probanden nur noch angeklickt werden muss, um die Befragung zu starten.

- Einladung per Brief: Die Mitglieder der Stichprobe erhalten bei diesem Verfahren einen Brief, in dem ihnen die URL der Befragung und die individuellen Zugangsdaten mitgeteilt werden.

- Einladung per SMS: Die Mitglieder der Stichprobe erhalten eine SMS mit den Zugangsdaten zur Umfrage.

Die Verfahren haben Vor- und Nachteile. Allgemein gilt, dass Einladungen per E-Mail die höchsten Ausschöpfungsquoten nach sich ziehen. Mit einem Medienbruch und zusätzlichen Schwellen steigen die Nonresponse-Quoten. Doch auch bei der E-Mail-Einladung gibt es nach Erfahrungen von Globalpark einen Prozentsatz von drei bis fünf Prozent, die aus eher technischen Gründen nicht zur Umfrage gelangen. Teilweise verstehen die potentiellen Teilnehmer nicht, was sie tun sollen, z.T. wird der Link im E-Mail Programm des Empfängers umgebrochen und die potentiellen Teilnehmer scheitern daran, den Link korrekt an den Browser zu übergeben. Höhere Ausschöpfungsquoten werden erreicht, wenn der Einladung eine Vorankündigung vorausgeht.[15]

2.3.1 Die Vorteile personalisierter Befragungen

Da bei personalisierten Befragungen die Probanden mit einer eindeutigen Zugangskennung versorgt sind, können sie die Befragung an beliebigen Stellen unterbrechen und auch nach Schließen von Browser, Wechsel des PCs oder Wechsel des Arbeitsplatzes die Befragung dort fortsetzen, wo sie aufgehört haben. Dies setzt voraus, dass das Untersuchungsdesign die Möglichkeit zur Unterbrechung der Eingabe vorsieht und die Umfrage im Zeitfenster liegt. Die Möglichkeit, an einer personalisierten Befragung teilzunehmen, verfällt naturgemäß, wenn die Befragung beendet wurde und der Befragte auf der letzten Seite angekommen ist.

Bei manchen Umfragesettings, insbesondere bei erhöhtem Misstrauen in die durchführende Institution, möchten Probanden den Fragebogen erst durchklicken, bevor sie die erste Frage beantworten. Dies kommt besonders häufig bei Mitarbeiterbefragungen vor. Dann sind Vorkehrungen zu treffen, dass die Probanden rechtzeitig vor Erreichen der Endseite auf das Ende des Fragebogens aufmerksam gemacht werden, so dass sie an den Anfang zurückkehren und den Fragebogen beantworten können[16].

Bei personalisierten Umfragen können säumige Probanden an die Befragung erinnert und dadurch die Ausschöpfungsquote erhöht werden. Diese Reminder (auch: Erinnerungsschreiben) können allgemein gehalten oder

---

[15] vgl. Penzkofer, Peter: Wie kann man den Rücklauf bei Webbefragungen erhöhen? http://www.wwgonline.at/media/documents/zusammenfassung_da_penzkofer.pdf. Stand: 14.04.2010.

[16] Nach Berechnungen von Globalpark machen von dieser Möglichkeit bei Mitarbeiterbefragungen 5 %-10 % der Befragten Gebrauch. Bei Kundenzufriedenheitsbefragung nutzen 2 % bis 3 % diese Möglichkeit.

persönlich adressiert sein. Mehr als zwei Reminder werden in der Regel nicht verschickt. Zur Erhöhung der Teilnahme enthalten die Erinnerungsschreiben noch einmal die Zugangsdaten zur Befragung. Typische Einsatzzwecke personalisierter Befragungen sind Mitarbeiterbefragungen, Kundenzufriedenheitsbefragungen, Evaluationsbefragungen oder Befragungen in speziellen Zielgruppen.

2.4 Panelbasierte Umfragen

Panelbasierte Umfragen entwickeln sich zum Königsweg der Online-Befragung. Die Zuwachsraten der Anbieter sogenannter Access-Panels sind erstaunlich. Die Umsätze der entsprechenden Feldinstitute würden bereits ausreichen, um unter den Top 10 der deutschen Marktforschungsinstitute platziert zu sein.

Unter einem Panel versteht man in der Sozialforschung üblicherweise wiederholte Befragungen mit demselben Fragekanon unter denselben Personen. Solche Forschungsanordnungen (Genuine Panels) spielen in der Online-Forschung eine eher untergeordnete Rolle.

Im Allgemeinen können drei Formen von Panels unterscheiden werden:

- Genuine Panels
  Sie dienen in der Regel dazu, die Gründe für Veränderungen aufzuspüren.

- Haushalt- oder Händlerpanels
  Hierunter versteht man andauernde Datenerhebung bei derselben Population mit dem Ziel, Nutzungs- oder Abverkaufsdaten zu generieren.

- Access Panels
  Sie bezeichnen eine Menge von Personen, die sich bereit erklärt haben, wiederholt an Befragungen teilzunehmen.

Access Panels sind die Antwort auf fehlende Personen- bzw. Adressverzeichnisse im Internet. Sie erlauben zielführende Stichprobenbildungen und werden mit steigender Tendenz für fast alle Fragestellungen der Marktforschung eingesetzt. Bei zunehmenden Schwierigkeiten, repräsentative Telefonstichproben zu ziehen, gelten sauber aufgebaute und administrierte Online-Access-Panels als ein vielversprechendes Verfahren zur Ziehung nationaler verallgemeinerungsfähiger Stichproben.

2.4.1 Online-Access-Panels

In Online-Access-Panels befinden sich per Definition befragungswillige Personen. Von diesen Personen sammeln die Panelanbieter Profildaten. Dadurch müssen bestimmte Merkmale der Probanden, wie z. B. die Demographika, nicht bei jeder Befragung erneut erhoben werden. Zusätzlich dienen die vorerhobenen Merkmale als Grundlage zur Stichprobenziehung. Access-Panelanbieter treffen Vorkehrungen zur Rekrutierung von Panelisten und zu ihrer dauerhaften Nachrekrutierung. Online-Access-Panels erleichtern insbesondere die länderübergreifende Forschung.

2.4.2 Die Qualitätskriterien von Online-Access-Panels

Ganz allgemein ist ein Panel dann gut, wenn die Ergebnisse, die durch Befragung von Stichproben aus diesem Panel gewonnen werden können, verallgemeinerbar sind auf die angedachte Grundgesamtheit bzw. Zielpopulation. Dies bedeutet, dass eventuelle Verzerrungen nicht in der Zusammensetzung des Access-Panels oder durch die Form der Stichprobenziehung induziert sind. In Bezug auf die Korrektheit von Verallgemeinerungen ist die Qualität des Panels nicht mehr als eine notwendige Bedingung. Zusätzlich notwendig sind die Reliabilität und Validität des eingesetzten Instruments.

Ein erstes Qualitätskriterium ist demnach, dass ein Access-Panel eine gute Auswahlgesamtheit für Stichprobenziehungen liefert und über die notwendige Repräsentativität der angedachten Zielpopulation verfügt. In Bezug auf die Qualität der Panelisten wird erwartet, dass das Panel nur einen geringen Anteil an Personen enthält, die einen Fragebogen nur anfangen oder die qualitativ minderwertig antworten, wie beispielsweise einseitiges oder nicht plausibles Antwortverhalten oder Durchklicken.

Da im Online-Bereich immer nur virtuelle Identitäten unterwegs sind, ist die erfolgreiche Adressvalidierung der Panelteilnehmer ein weiteres Qualitätsmerkmal. Ein Panel sollte in diesem Sinne sicherstellen, dass die virtuelle Identität einer bestimmten realen Identität entspricht.

Ein Panel sollte darüber hinaus gute Rücklaufquoten aufweisen. Entsprechend hohe Rücklaufquoten garantieren, dass keine unkontrollierten Effekte in die Zusammensetzung der Stichprobe eingehen. Geringe Rücklaufquoten können zweierlei signalisieren. Erstens könnten bei kurzer Feldzeit zu viele Personen eingeladen worden sein. Dann hätten nur die schnellsten Antworter eine Chance gehabt, sich an der Befragung zu beteiligen. In der resultierenden Stichprobe sind dann unkontrollierte Effekte durch Schnellreagierer enthalten. Geringe Rücklaufquoten könnten aber auch ein Hinweis auf schlechte Teilnahmemoral in diesem Panel oder auf einen hohen Anteil von Karteileichen darstellen. In beiden Fällen sind Verzerrungen zu erwarten. Hierbei ist es fraglich, ob das besondere Teilnahmemotiv durch nachträgliche Gewichtung heraus gerechnet werden kann. Entsprechende Forschungen fehlen.

Die Panelisten sollten über eine ausreichend hohe Motivation verfügen. Die eben angesprochenen Rücklaufquoten könnten dafür ein gutes Indiz sein. Wenig motivierte Panelisten füllen Fragebögen weniger akkurat aus und antworten möglicherweise unehrlich. Motivierte Panelisten dagegen gewährleisten eine überdurchschnittlich hohe Datenqualität (weniger Durchklicker, ausführliche offene Nennungen). Insbesondere sollten

Panelisten nicht durch Ablehnungen bei Screenings frustriert werden. Ein Panel sollte auch keine Personen enthalten, die zu so etwas wie professionellen Antwörtern geworden sind und bei denen die Gefahr besteht, dass sie mit Blick auf ein bestimmtes Ziel antworten (z. B. in einem Screening ausgewählt zu werden oder einen bestimmten Gewinn zu erhalten).

Für die Brauchbarkeit eines Panels ist es sicherlich bedeutsam, dass die Panelisten vielfältig einsetzbar sind, d.h. das Access Panel sollte mithin viele Personen mit unterschiedlichen Strukturmerkmalen enthalten. Dies ist allerdings eher ein Argument der Praxis und Verwendbarkeit als der Qualitätssicherung.

Eine regelmäßige Panelpflege, kontinuierliche Kommunikation zu den Panelisten und eine stabile und in sich stimmige Kommunikation stärken die Bindung des Panelteilnehmers zu seinem Panel. Personen, die sich längere Zeit nicht mehr an Umfragen beteiligen, sollten zügig aus dem Panel genommen werden. Die Panelmortalität ist kontinuierlich zu monitoren.

2009 wurden entsprechende Qualitätsanforderungen in einer ISO-Norm standardisiert (ISO 26362). Nationale Verbände bieten hierfür Zertifizierungen an. In Deutschland wird die Zertifizierung von Austrian Standards plus angeboten[17].

2.4.3 Herausforderungen bei Online-Access-Panels

Der Zusammenhang zwischen gut geführten Online-Panels, daraus resultierender Datenqualität und den aus solchen Studien resultierenden quali-

---

[17] vgl.: International Standard ISO 26362: Access panels in market, opinion and social research - Vocabulary and service requirements. 15.01.2009. http://www.iso.org/iso/catalogue_detail?csnumber=43521. Stand: 26.08.2010.

vgl.: Austrian Standards Institute. http://www.as-institute.at.

tativ guten Ergebnissen ist noch nicht belegt. Es gibt theoretisch plausible Befunde und Unterstützung aus dem Vergleich zwischen offline und online gewonnenen Ergebnissen. Benennen lassen sich aber auch ohne vorliegende Forschungen Sachverhalte, die zu einer Reduktion von Qualität führen. Verschiedentlich wurde beobachtet, dass Befragte insbesondere in solchen Panels strategisch zu antworten lernen, in denen Screenings häufig durchgeführt werden und in denen ausgescreente Personen sich benachteiligt fühlen. Unter solchen Konstellationen kommt es zu unerwünschten Lerneffekten. Potentielle Befragungsteilnehmer antworten dann strategisch in einer solchen Weise, dass sie die Wahrscheinlichkeit maximieren, zur gewünschten Zielgruppe zu gehören. Wenn diese Personen einmal das Screening überwunden haben, antworten sie dann wieder ihrer wahren Disposition entsprechend. Dies aber mindert die Datenqualität deutlich.[18]

2.5 Repräsentativität von Online-Umfragen

Die Vorteile von Online-Umfragen, wie z. B. die einfache Durchführung und die leichte Erreichbarkeit von Zielgruppen, wären wertlos, wenn die Ergebnisse aus Online-Umfragen nicht verallgemeinert werden könnten oder wenn die Qualität der Ergebnisse im Vergleich zu bisherigen Erhebungsformen unzureichend wäre. Ob Umfragen repräsentativ sind oder nicht, ist in erster Linie eine Frage der Stichprobengüte. Gute Stichproben ergeben sich, wenn die Auswahlgesamtheit die Grundgesamtheit der Zielgruppe in genügender Weise überlappt, wenn das Auswahlverfahren

---

[18] Mit der Qualität von Access-Panels beschäftigt sich auch:

vgl.: AAPOR Report on Online Panels. 06.2010. www.aapor.org/AM/. Stand: 18.08.2010.

vgl.: NOPVO: Dutch Online Panel Study (NOPVO). 14.11.2006. http://www.nopvo.nl/english/page0/files/Results_NOPVO_English.pdf. Stand: 26.08.2010.

vgl.: Esomar: http://www.esomar.org/index.php/26-questions.html

geeignet ist, systematische Verzerrungen in der Auswahl von Elementen zu vermeiden und wenn die Ausschöpfungsquote in der Stichprobe genügend hoch ist.

2.5.1 Stichproben auf der Basis von Listen

Liegen der Probandenauswahl Listen von E-Mail-Adressen zugrunde, ist in der Regel die Grundgesamtheit oder Aussagegesamtheit identisch mit der Auswahlgesamtheit. In diesen Fällen hängt die Stichprobengüte davon ab, wie aktuell die Liste oder das Verzeichnis ist, wie brauchbar die aufgelisteten E-Mail-Adressen sind und in welchem Ausmaß die Angehörigen der Aussagegesamtheit durch die E-Mail-Liste abgedeckt sind. Beispiele für solche Umfragen sind etwa Befragungen von Vereinsmitgliedern, Konjunkturumfragen unter den IHK-Mitgliedern, Umfragen unter den Nutzern von Online-Auktionshäusern, Befragungen von Ehemaligen einer Universität oder Mitarbeiterumfragen.

Online-Umfragen sind unter solchen Ausgangsbedingungen in gleicher Weise verallgemeinerungsfähig wie konventionelle Umfragen. Im Fall von Listenbefragungen gibt die Ausschöpfungsquote einen zusätzlichen Hinweis auf mögliche Fehlschlüsse bei Verallgemeinerungen. Ist die Antwortquote hinreichend hoch und deckt die Liste die Aussagegesamtheit zureichend ab, dann sind Online-Umfragen ein sinnvolles Instrument zur Befragung von Stichproben auf der Basis von Listen.

2.5.2 Zielgruppenspezifische Stichproben

Viele Online-Umfragen, die mit Hilfe von Online-Access-Panels realisiert werden, beziehen sich auf spezifische Zielgruppen. Häufig sollen ausschließlich Personen mit besonderen Eigenschaften befragt werden. Das können Angehörige bestimmter Berufsgruppen sein, wie Lungenfachärzte, Landschaftsarchitekten, Berufsschullehrer, Wirtschaftsjournalisten etc., Menschen mit bestimmten Hobbys, z. B. Harley-Davidson-

Fahrer, Sammler von Ferrari-Modellen, Züchter von Rassekatzen, Liebhaber von Wagner-Opern etc., Personen mit bestimmtem Kaufverhalten, z. B. Käufer von S-Klasse-Modellen, Hundebesitzer, Verwender bestimmter Haarpflegemittel etc. oder Menschen mit besonderen Einstellungen, besonderem Erfahrungshintergrund oder besonderem Informationsverhalten. Häufig sind diese Zielgruppen schwierig zu finden und mit konventionellen Erhebungsverfahren nur schwer zu befragen. Die Befragung solcher Zielgruppen ist nicht nur für die Marktforschung relevant, auch in der Sozialforschung beziehen sich die Hypothesen häufig auf spezifische Zielgruppen. Man denke nur an Forschungen zu Ehe und Scheidung, wo wiederverheiratete Geschiedene in einem bestimmten Lebensalter befragt werden sollen, oder an Forschung zu Alleinerziehenden, zu Migranten der zweiten Generation oder zu Forschungen zu Unternehmensgründungen. Auch in diesen Fällen richtet sich das Interesse auf die Zugehörigkeit zu einer bestimmten Merkmalsgruppe.

Die interessante Frage ist nun, wie gut geeignet Online-Umfragen unter solchen spezifischen Zielgruppen sind. Mit Bezug auf Stichprobenqualität ist die Frage zu stellen, welche auswahlbezogenen Fehler gemacht werden, wenn man die Auswahl ausschließlich auf diejenigen Personen der Zielgruppe beschränkt, die das Internet alltäglich nutzen. Sofern die Abdeckung der Zielgruppe im Internet nicht annähernd 100 % beträgt, gibt es Angehörige der Zielgruppe, die systematisch von einer Beantwortung ausgeschlossen sind. Dies schränkt die Brauchbarkeit solcher Umfragen jedoch nicht notwendigerweise ein.

Bei zielgruppenspezifischen Umfragen interessiert häufig der Zusammenhang zwischen verschiedenen möglichen Ursachefaktoren und davon abhängigen Folgen. Sofern Bedingungskonstellationen und Faktorenbündel in genügender Weise in der Stichprobe vertreten sind, macht sich die systematische Nichtberücksichtigung von Personen ohne Internetzugang nicht in den Ergebnissen bemerkbar. Dies gilt etwa, wenn bei Migrantenuntersuchungen die Frage untersucht wird, in welchem Ausmaß zusätzlicher Deutschunterricht die Integration in die deutsche Zielgesellschaft fördert und ob es in dieser Frage Unterschiede zwischen verschiedenen Nationalitäten gibt. Wenn Merkmale (d.h. unabhängige oder abhängige Variablen), die für die Untersuchungsfrage relevant sind, durch das Merkmal Internetzugang konfundiert sind, ist die Aussagekraft einer Online-Umfrage zweifelhaft. Im oben angeführten Beispiel der Migrantenuntersuchung wäre das gegeben, wenn internetbezogene Fragen im Vordergrund stünden, wie z. B. ob türkischstämmige Migranten eher das Internet nutzen als Kinder von Italienern.

In der Marktforschung hat sich als Faustregel etabliert, dass ein Durchdringungsgrad von 75 % in der Zielgruppe als ausreichend angesehen wird, um die Ergebnisse von Online-Umfragen ohne weitere Plausibilitätsüberlegungen als verallgemeinerbar anzusehen. Wie das starke Wachstum bei der Nachfrage nach zielgruppenspezifischen Online-Stichproben zeigt, treffen diese Voraussetzungen in der Marktforschung schon in vielen Fällen zu. Im Bereich der Sozialforschung liegen entsprechende Befunde nicht vor. Es kann daher nur empfohlen werden, vor jeder Online-Umfrage in einer bestimmten Zielgruppe ausreichend Plausibilitätsüberlegungen anzustellen und z. B. durch Sekundäranalysen nachzuweisen, dass die Merkmale der Untersuchungsfrage nicht mit dem Vorhandensein von Internetzugängen kovariieren.

2.5.3 Bevölkerungsrepräsentative Stichproben

Bei Stichproben, auf deren Grundlage Aussagen über die gesamte Bevölkerung getroffen werden sollen, ist es besonders wichtig, dass alle Segmente der Aussagegesamtheit durch die Auswahlgesamtheit abgedeckt werden. Wenn bestimmte Gruppen der Bevölkerung überhaupt nicht erreicht werden, kann auch durch Stratifizierung oder Gewichtung rechnerisch keine Verallgemeinerung erzielt werden. Nun ist bekannt, dass die soziodemographische Zusammensetzung der Internet-Nutzer von derjenigen der Gesamtbevölkerung verschieden ist. Für die Bundesrepublik Deutschland z. B. gilt: Die jungen Menschen, die besser Gebildeten

Tabelle 1: Soziodemographie der Nutzer in Deutschland bis 2009

	Bevölkerung 2008 *	2002	2003	2004	2005	2006	2007	2008	2009
Gesamt		44,1%	51,5%	52,6%	56,7%	57,6%	60,7%	64,3%	64,7%
Geschlecht									
männlich	49,0%	53,0%	61,6%	60,4%	66,2%	65,8%	67,1%	71,2%	72,6%
weiblich	51,0%	36,0%	42,3%	45,4%	48,0%	49,9%	54,8%	57,9%	57,2%
Alter									
14- 19 Jahre	8,8%	76,9%	87,0%	90,1%	90,1%	96,1%	93,0%	96,3%	95,5%
20- 29 Jahre	16,5%	80,3%	75,5%	79,8%	85,3%	86,0%	94,3%	93,1%	90,9%
30- 39 Jahre	17,2%	65,6%	70,2%	72,5%	78,8%	77,0%	79,6%	85,4%	85,4%
40- 49 Jahre	23,2%	47,8%	67,1%	66,6%	70,3%	70,3%	72,2%	76,0%	77,6%
50- 59 Jahre	18,8%	35,4%	47,6%	50,7%	54,1%	57,6%	61,5%	64,1%	64,2%
60- 69 Jahre	15,6%	7,8%	13,0%	12,8%	18,0%	18,7%	22,7%	25,4%	26,7%
Berufs-tätigkeit									
berufstätig		59,3%	67,7%	70,1%	76,0%	72,1%	77,3%	80,4%	79,1%
in Ausbildung		81,1%	89,0%	91,2%	95,8%	95,5%	95,6%	98,1%	95,4%
Rentner/ nicht berufstätig		14,8%	19,4%	20,9%	25,0%	26,6%	29,1%	31,8%	33,4%

Quellen:
* Stat. Bundesamt: GENESIS-Online, Bev. in den Altersjahren 14 bis 69 (73,3 % der Gesamtbevölkerung). Stand: 31.12.2008
ARD/ZDF-Onlinestudien 2009

und die Berufstätigen sind im Internet zahlreicher vertreten als es ihrem Anteil an der Bevölkerung entspricht. Im Zeitverlauf hat sich dabei zumindest bei den jungen Menschen das Bildungsgefälle eingeebnet.

Zwar sind die Selektivitäten im Laufe der letzten fünf Jahre deutlich zurückgegangen, wie die voranstehende Tabelle zeigt, doch würde eine Zufallsstichprobe auf der Basis der Internet-Nutzer ohne weitere korrigierende Konstruktionshilfen vermutlich von den wahren Bevölkerungswerten abweichen. Da Verzeichnisse aller Internet-Nutzer fehlen, kann ohnehin ohne besondere Konstruktionen keine zufallsbasierte Stichprobe der allgemeinen Bevölkerung auf der Basis der Internet-Teilnehmer gezogen werden. Die Frage, ob repräsentative Stichproben möglich sind, verschiebt sich dann stärker zur Frage, für welche Bevölkerungssegmente die Internet-Abdeckung nicht ausreicht.

Die Nichtnutzung korrespondiert in erster Linie mit den Merkmalen Alter, formale Bildung und Berufstätigkeit. Auch wenn die Internetnutzung älterer Menschen zunimmt (ARD/ZDF-Onlinestudien, 2009), so sind 72,9 % (2009) der 60-69-Jährigen nicht über das Internet erreichbar. Auch unter den nicht berufstätigen Personen und unter den Personen, deren höchste formale Bildung den Besuch der Volksschule einschließt, ist ein Zugang zum Internet eher die Ausnahme. Bei Befragungen dieser Offliner zeigt sich, dass diese Personengruppe in der Regel zu Hause keinen PC hat und es für sie in ihrer Wahrnehmung auch keinen Grund gibt, sich einen PC anzuschaffen. 83 % der befragten Offliner stimmen z. B. folgendem Statement zu „Brauche das Internet weder beruflich noch privat“ (Offliner-Studie, 2009, S.372).

An dieser Ausgangslage wird sich in den nächsten Jahren auch nicht viel ändern, sofern es nicht spezifische Angebote gibt, die gerade ältere Menschen besonders motivieren könnten, einen Internet-Zugang anzustreben. Umfragen, bei denen in besonderer Weise auch das Urteil der älteren und

Tabelle 2: Verteilung der Nicht-Nutzer in Deutschland bis 2009

	2003	2004	2005	2006	2007	2008	2009
Gesamt	46,5%	44,7%	42,1%	40,5%	37,3%	34,2%	32,9%
Geschlecht							
männlich	37,5%	35,8%	32,5%	32,7%	31,1%	27,6%	25,5%
weiblich	54,7%	52,7%	50,9%	47,6%	43,1%	40,4%	39,9%
Alter							
14- 19 Jahre	8,7%	5,3%	4,3%	2,7%	4,2%	2,8%	2,5%
20- 29 Jahre	17,5%	17,2%	14,7%	12,7%	5,7%	5,2%	4,8%
30- 39 Jahre	26,1%	24,1%	20,1%	19,4%	18,1%	12,1%	10,6%
40- 49 Jahre	33,6%	30,1%	29,0%	28,0%	26,2%	22,7%	19,8%
50- 59 Jahre	51,1%	47,3%	43,5%	40,0%	35,8%	34,3%	32,6%
60- 69 Jahre	86,0%	85,5%	81,6%	79,7%	74,9%	73,6%	72,9%
Bildung							
Volksschule/ Hauptschule	66,5%	63,9%	61,5%	62,6%	76,4%	53,3%	52,9%
weiterführende Schule	34,1%	32,3%	29,0%	26,5%	45,0%	24,9%	23,1%
Abitur	14,7%	12,6%	15,2%	10,0%	21,6%	8,4%	6,3%
Studium	20,4%	20,6%	16,9%	16,4%	15,7	14,2%	13,7%
Berufstätigkeit							
berufstätig	30,0%	26,6%	22,9%	26,0%	21,4%	18,2%	17,7%
in Ausbildung	8,9%	5,5%	2,6%	1,4%	2,4%	1,3%	2,0%
nicht berufstätig	85,2%	77,1%	73,7%	68,0	85,2%	66,4%	65,3%

Quelle: ARD/ZDF-Onlinestudien 2009

nicht berufstätigen Menschen abgebildet werden soll oder die sich auf Fragestellungen beziehen, bei denen diese Bevölkerungssegmente von der übrigen Bevölkerung abweichende Ansichten haben, werden auch zukünftig online nur mit Schwierigkeiten zu realisieren sein.

Andererseits haben viele Studien inzwischen gezeigt, dass Online-Umfragen zu denselben Ergebnissen kommen wie vergleichbare persönliche oder Telefonbefragungen. Insbesondere bei hochrechnungsfähigen Befragungen unter einer Zielpopulation der 14-59-Jährigen finden sich erstaunlich häufig vergleichbare Resultate. Bei einer Studie von Walker, Smith und Stevens wurde herausgefunden, dass die Ergebnisse in der Regel vergleichbar sind, dass aber Unterschiede insbesondere dann bestehen, wenn der Untersuchungsgegenstand mit dem Besitz eines PC korreliert. In Bezug auf die Nutzung von Konsumgütern oder Haushaltsbedarf wurden keine Unterschiede festgestellt. Unterschiede fanden sich aber, wenn die Studien sich auf Handys, Finanzdienstleistungen oder digitale Kameras bezogen. Die größten Unterschiede fanden sich hinsichtlich der Web-Nutzung, was aber selbsterklärend ist (Walker, Smith und Stevens, 2004: S.7ff).

Es ist zu erwarten, dass in mittlerer Zukunft die Probleme abnehmen und dass die Einführung von bevölkerungsweiten Online-Stichproben einen ähnlichen Verlauf nimmt wie die Einführung bevölkerungsweiter Telefonstichproben.

3 Der Online-Fragebogen

Der Online-Fragebogen ist zunächst einmal ein Fragebogen wie bei jeder anderen Erhebungsart auch. An ihn richten sich von daher die üblichen methodischen Anforderungen, wie sie in den einschlägigen Lehrbüchern beschrieben sind. Es gibt aber einige Besonderheiten, die bei der medienadäquaten Gestaltung von Online-Fragebögen zu berücksichtigen sind.

Auch bei Online-Umfragen besteht die Aufgabe darin, eine möglichst hohe Datenqualität zu erzielen (Reliabilität, Validität, Übertragbarkeit). Hierbei lässt sich das Ausmaß an Datenqualität nicht positiv bestimmen, sondern Datenqualität ergibt sich aus der Abwesenheit von Fehlern. In Bezug auf den Fragebogen handelt es sich um Fehler, die auf das Instrument zurückzuführen sind. Sie werden in der Literatur unter dem Terminus „measurement errors" zusammengefasst (Groves, 1989).

Für Online-Umfragen gilt es, sich deren Besonderheiten vor Augen zu führen. Der Ausfüllende beantwortet die Befragung an einem Bildschirm. Dieser Bildschirm ist unterschiedlich groß, die Auflösung variiert. Der Computer ist mit einer bestimmten Bandbreite ans Internet angeschlossen, die auch zwischen den Studienteilnehmern variieren kann. Ein Interviewer ist nicht anwesend, so dass das Instrument durch sich selbst sprechen muss. Jeder Befragte geht mit einem individuellen Bezugsrahmen in die Befragungssituation. Die Befragung ist Teil eines kommunikativen Settings. Dieses wird gebildet aus Anschreiben, Sponsor der Befragung, Gegenstand, Dramaturgie, den jeweiligen Fragen, Layout, Vorwissen, Disposition des Befragten, persönlichen Faktoren, Interaktions-Geschichte und Erfahrung des Befragten. Vor diesem Hintergrund an Einflussfaktoren ist ein Setting aufzubauen, das intersubjektiv vergleichbare Erhebungskonstellationen erzeugt, so dass identische Antworten auch als Ausdruck von identischen Wirklichkeitszuständen interpretiert werden können. Erst wenn das zutrifft, können Unterschiede in den

Antworten auf Unterschiede in den Dispositionen bzw. Erfahrungen bzw. Verarbeitungen zurückgeführt werden und müssen nicht auf Eigenheiten des Instruments attribuiert werden.

Es ist nützlich, bei der Gestaltung von Online-Umfragen einige grundsätzliche Befunde der Web-Usability-Forschung zu berücksichtigen. Jakob Nielsen, einer der Pioniere der Usability-Forschung, berichtet, dass Nutzer Websites selten Wort für Wort lesen, stattdessen scannen sie Seiten, indem sie einzelne Wörter und Sätze herauspicken. Am Bildschirm wird etwa 25 % langsamer gelesen als auf Papier und das Lesen am Bildschirm wird allgemein als anstrengender empfunden[19].

Der Online-Fragebogen wird als Gesamtheit wahrgenommen. Die Beantwortung der Fragen erfolgt auf der Basis eines Sinnzusammenhangs, der sich für den Befragten auf der Grundlage des optischen Eindrucks, des Fragebogen-Gesprächsverlaufs und der Gesamtkommunikation im Augenblick der Beantwortung ergibt.

3.1 Gestaltung

In erster Linie wird ein Fragebogen auch in seinen Online-Varianten durch die Frage- und Antworttexte bestimmt. Darin unterscheiden sich Online-Fragebögen nicht von Offline-Fragebögen. Ein Grundverständnis der Fragebogengestaltung wird hier vorausgesetzt. Im Folgenden werden die Besonderheiten des Online-Fragebogens hervorgehoben.

3.1.1 Darstellung auf dem Bildschirm

Das Design eines Fragebogens basiert auf drei bzw. vier Wahrnehmungsebenen, die ineinandergreifen und zusammen eine kompakte und harmo-

---

[19] Jakob Nielsen, 1997: Be Succint! (Writing for the Web) http://www.useit.com/alertbox/9703b.html. Zu einer allgemeinen Abhandlung des Themas siehe Nielsen, 2000.

nische Einheit bilden. Zunächst wird die Anmutung der Bildschirmseite wahrgenommen. Ohne einen bestimmten Inhalt gelesen zu haben, erhält der Betrachter den Eindruck einer bestimmten Wertigkeit. Die zweite Wahrnehmungsebene dient der Orientierung. Erst auf der dritten Ebene rückt die Aufgabe in den Mittelpunkt der Wahrnehmung. Falls eine Fehlerkommunikation oder Übergangsdialoge notwendig sind, werden diese als vierte Wahrnehmungsebene relevant.

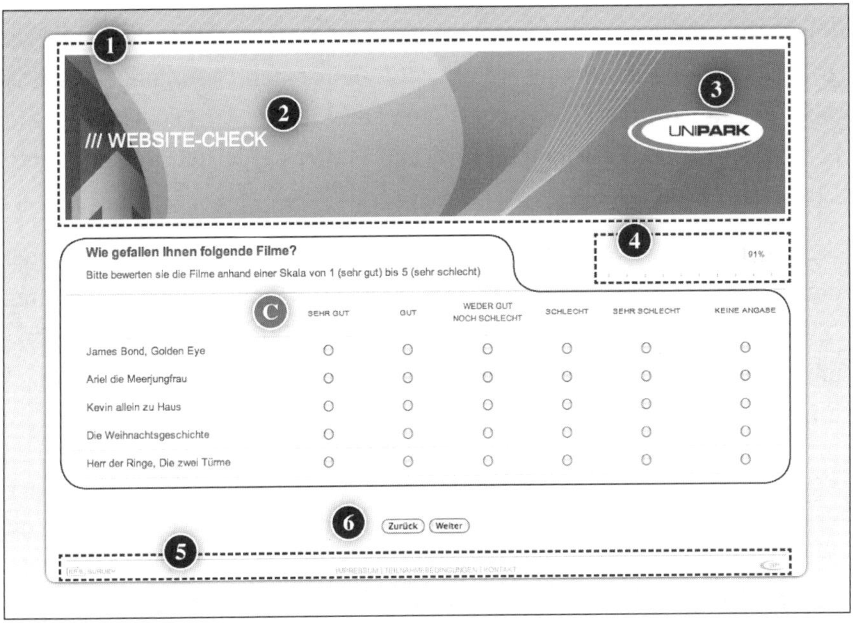

Abbildung 1: Hochwertiges Fragebogenlayout

A. Anmutung (Look and Feel)

Die Anmutung ist entscheidend für die Nutzerwahrnehmung und vermittelt einen Wert (hochwertig/billig). Durch eine zielgruppenspezifische Anmutung wird in erster Linie die Glaubwürdigkeit gesteuert. Im Prinzip gilt: Je hochwertiger die Anmutung, desto größer die Glaubwürdigkeit und die Bereitschaft, sich mit dem Fragebogen auseinanderzusetzen. Für die Anmutung werden Hintergrund, Bild- und Formsprache, Farben und Schriften festgelegt. Durch die Definition der notwendigen Informationsareale werden die Inhalte des Online-Fragebogens zusätzlich hierarchisiert und für die Interaktion am Bildschirm (Usability) optimiert. Man beachte, dass die Anmutung eines Fragebogens schon mit der Startseite festgelegt wird.

B. Orientierung

Nach dem ersten Eindruck fokussiert die Nutzerwahrnehmung auf die grundsätzliche Einordnung. Wer steht hinter der Befragung? Wer ist dafür verantwortlich? Grafische Elemente wie Header [1], Umfragetitel [2], Brand (Logo, CI-Elemente) [3] und Footer [5] leisten in der zweiten Ebene die Orientierung.

Wenn diese Informationen für den Befragten geklärt sind, dann gewinnen die weiteren Orientierungselemente Fortschrittsbalken [4] und Weiter-/Zurück-Button [6] an Bedeutung. Sie dienen der User-Fortbewegung und -Orientierung und beantworten dem Ausfüller die Frage, wo er sich im Fragebogen befindet.

C. Inhalt

Erst wenn Rahmen und Orientierung geklärt sind, weckt der Inhalt der Frage die Aufmerksamkeit. Diese Ebene beinhaltet die Frage, Anweisungen und unterschiedliche Antworttypen.

D. Dialoge und Fehlermeldungen (optional)

Die Gestaltung der Dialoge und der Fehlermeldungen ist besonders wichtig und erfordert ein gewisses Einfühlvermögen, da dadurch die Motivation und Bereitschaft des Users deutlich beeinflusst werden können.

3.1.2 Layout-Gestaltung

Entsprechend zu diesen vier Ebenen ist das Layout zu erstellen. Das Rahmendesign bestimmt in erster Linie die Anmutung. Es enthält das Grunddesign und beschreibt die Aufteilung der Bildschirmseiten. In dieses Design werden Logos und Bildelemente eingebunden. Der Platz für den Fragebogen-Inhaltsbereich und die Navigation (Fortschrittsanzeige, Zurück- und Weiter-Button) wird definiert.

Der Fragebogen-Inhaltsbereich definiert den Rahmen für die Fragen und den Navigationsbereich. Die Anordnung der Fragen und Kommentarfelder wird festgelegt, Hintergrundfarben werden bestimmt. Merkmale bzw. Einstellungen werden mit Fragen erfasst, die unterschiedlich dargestellt werden können. Unterschiedliche Fragetypen stehen zur Auswahl, z. B. Einfachauswahl, Mehrfachauswahl, Dropdown-Menü, Matrixfragen, Semantisches Differential. Für die Darstellung des Fragetextes, der Hilfstexte, z. B. Ausfüllanweisung und andere Hinweise, Itemtexte, Antwortoptionen, Skalendarstellung etc. werden Festlegungen getroffen.

Für die Gestaltung von Online-Fragebogenseiten gelten ähnliche Anforderungen wie für andere Websites auch. Sie sollen übersichtlich gestaltet sein, angenehme Farbgestaltung beinhalten und interessant aufgebaut sein, wobei die Aufmerksamkeit des Betrachters auf den zentralen Inhalt der Seite gelenkt wird. Die einzelnen Layoutbestandteile harmonieren miteinander und sind aufeinander abgestimmt. Das Layout unterstützt die Lesbarkeit des Textes. Gute Layouts bedürfen Grundkenntnisse in Design[20] (Farbe, Anordnung, Grunddesign, Schriftgröße, Zeichenabstand, Zeilenabstand, vertikale und horizontale Ausrichtung etc.). Bei der Ge-

---

[20] Professionelle Softwarepakete enthalten zumeist verschiedene Vorlagen, die den methodischen Erfordernissen entsprechen und von Designern entwickelt wurden. Weitere Hinweise zur Layoutgestaltung von Formatierungen finden sich bei Best und Krüger (2004, S.43ff)

staltung müssen fundamentale Gestaltungsrichtlinien eingehalten werden[21].

Besondere Vorsicht ist hinsichtlich der Verwendung von Bildern geboten. Selbst wenn Bilder eine eher beiläufige Textergänzung darstellen, werden sie als Kontextinformation herangezogen und können Urteile beeinflussen. Couper, Tourangeau und Kenyon (2004) machten die Erfahrung, dass die selbst berichtete Kaufhäufigkeit deutlich höher ausfiel, wenn zur Frage eine Abbildung eines Supermarktes eingeblendet wurde, als wenn zur selben Fragen eine Boutique gezeigt wurde. Dieser Befund stimmt mit Erfahrungen überein, die Globalpark bei einer internationalen Jugendumfrage gemacht hat. Die Schlussfolgerung aus diesen Befunden lautet, dass Bilder nur dann verwendet werden sollen, wenn diese selbst den Gegenstand der Beurteilung bilden. Keinesfalls sollten sie zur Auflockerung eingestreut werden.

Hinsichtlich der Verwendung von Farben ist ebenfalls Vorsicht angebracht. Bosnjak (2003, S.115) weist auf Erkenntnisse aus der Werbepsychologie hin, wonach „Farben eine aufmerksamkeitssteuernde und in gewissen Grenzen auch erlebnisinduzierende Wirkung haben können." Er erklärt weiter, dass Farben kulturell verschieden gedeutet werden können und dass rund 8 % der männlichen Allgemeinbevölkerung an einer mehr oder minder ausgeprägten Rot-Grün-Blindheit leiden.

In Bezug auf die visuelle Gestaltung von Fragebögen muss mitgedacht werden, dass sämtliche Hinweise, die auf einer Seite zu finden sind, vom Befragten genutzt werden, um seine Antworten zu geben. So fanden

[21] Nutzung weniger Schriften, ihre Farbe und Größe darf nicht zu häufig gewechselt werden, die Wichtigkeit der Hierarchie darf bei der Wahl der Schriftgröße nicht verloren gehen. Das Layout muss Linien (sichtbar oder unsichtbar) enthalten, an denen sich das Auge ausrichten kann. Hinweise zum Thema für Nichtgraphiker bietet Lewandosky und Zeischegg, 2002.

Tourangeau et al. (2004) heraus, dass Probanden geneigt sind, anstelle des begrifflichen/konzeptionellen Mittelpunkts den visuellen Mittelpunkt einer Skala als Anhaltspunkt bei der Beantwortung einer Frage wahrzunehmen, wenn Antwortoptionen wie „Weiß nicht“ oder „Keine Angabe“ visuell nicht von den eigentlichen, inhaltlichen Antwortoptionen (z. B. durch eine Trennlinie oder genügend Abstand) getrennt werden.

Ähnliches gilt bei Fragen, die ausschließlich inhaltliche Antwortoptionen (z. B. auf einer Fünf-Punkt Likert-Skala) enthalten. Auch hier lassen sich Probanden durch den visuellen Mittelpunkt der Skala beeinflussen und nehmen diesen als Bezugspunkt für ihre Antworten, auch wenn dieser nicht mit dem eigentlichen, begrifflichen Mittelpunkt übereinstimmt. Dies ist z. B. problematisch, wenn die Abstände zwischen den Antwortoptionen einer Skala ungleich groß sind.

Ferner konnten die Autoren zeigen, dass Antwortende zur Beantwortung einer Frage mit vertikal angeordneten Antwortoptionen weniger Zeit benötigen, wenn diese von oben nach unten in einer logischen Reihenfolge aufgelistet sind. Eine weitere Erkenntnis von Tourangeau et al. ist, dass Probanden ihre Bewertungen bei ihnen unvertrauten/unbekannten Items herleiten und sich dabei an bereits gegebenen Antworten orientieren, die um das zu bewertende Item herum „platziert“ sind.

Sie kamen abschließend zu folgendem Fazit: Befragte machen Schlussfolgerungen über den Inhalt von Items auf der Basis von visuellen Hinweisen, wie z. B. Abstand der Antwortoptionen, Anordnung (von links oben nach rechts unten) und Gruppierung von Fragen. Die Arbeiten lassen vermuten, dass Probanden auf der Basis von visuellen Hinweisen im Fragebogen schnelle interpretierende Urteile über die Fragen treffen. Zusammengefasst nutzt ein Befragter alle verfügbaren Hinweise im Kontext des Fragebogens, um sich den Sinn einer Befragung zu erschließen und sie zu beantworten.

3.1.3 Matrixfragen

In der Umfrageforschung spielen sog. Statement-Batterien eine wichtige Rolle. Damit bezeichnet man Fragen, die aus mehreren Items bestehen, zu denen die Befragten mit denselben Antwortoptionen Stellung nehmen sollen, die inhaltlich in bestimmter Weise zusammengehören und zu denen ein zugehöriger einleitender Fragetext formuliert wurde. Diese Fragebatterien werden bei Online-Umfragen in der Regel in Form von Matrixfragen gestellt. Matrixfragen sind tabellenartig strukturiert. Die Matrizen strukturieren die Items so, dass jede Zeile mit einer bestimmten Frage korrespondiert und jede Spalte eine bestimmte Antwortoption darstellt. Die verbindende Einleitungsfrage und eventuelle Ausfüllanweisungen stehen oberhalb der Items und der Skalenbeschriftung.

Handwerklich schlecht ausgeführte Matrixfragen führten in der Anfangszeit der Online-Forschung zu kontroversen Diskussionen[22], doch inzwischen sind Matrixfragen in der Methodenforschung allgemein akzeptiert. Die Kriterien, bei deren Einhaltung Matrixfragen sinnvoll verwendet werden können, werden weiter unten diskutiert.

Der Vorteil von Matrixfragen besteht darin, dass sie für den Ersteller und für den Ausfüller von Fragebögen Zeit und Kosten sparen. Das Tabellenlayout ist dem Respondenten vielfach von Papierfragebögen her vertraut und der Bildschirm wird optimaler ausgenutzt. Da Befragte nicht immer wieder in die Antwortoptionen eingeführt werden müssen und nicht für jedes Item eine neue Seite geöffnet werden muss, wird eine beträchtliche Textmenge eingespart, die weder übertragen noch vom Ausfüllenden gelesen werden muss. Folglich erzielen Fragen in Matrixdarstellung

---

[22] Gräf (1999) empfahl etwa, auf der Basis von Labor-Pretests, auf Matrixfragen zu verzichten. Welker et al. (2005) schlagen noch immer vor, Matrixfragen zu vermeiden (S.951). Gräf korrigierte 2001 seine ursprüngliche Empfehlung und sprach sich für die Verwendung von gut gemachten Matrixfragen aus.

schnellere Beantwortungszeiten als etwa einzelne Fragen auf Bildschirmen. Couper et al. (2001) verglichen zwei Arten der Fragendarstellung und fanden heraus, dass die Darstellung, in der mehrere Items pro Bildschirm als Matrixfrage gezeigt wurden, weniger Zeit zur Beantwortung brauchte, größere Inter-Item-Korrelationen erzielte und zu weniger Item-Non-Response führte.

Die wichtigste Herausforderung bei der Gestaltung von Matrixfragen besteht darin, den Bezug zwischen Zeile (Item) und Spalte (Antwortkategorien) klar erkennbar zu halten. Die Präsentation der Fragen in Tabellenform am Bildschirm vermindert, ohne die Einführung optischer Hilfsmittel, den Zusammenhang zwischen Frage- und Antwortkategorie. Wenn der Betrachter mit den Augen die Spalten der Antwortkategorien fokussiert, gerät der Sachbezug der Frage aus dem Blick und umgekehrt. Die Antwortenden vergessen unter Umständen die zu beurteilende Dimension oder sie vergessen den Gesichtspunkt, nach dem die Dimension beurteilt werden soll.

Ein Beispiel macht die Herausforderung deutlich. Wenn ein Antwortender z. B. das dritte Item einer Matrixfrage beurteilen möchte, liest er zuerst links den Itemtext. Um seine Antwort einzugeben, orientiert er sich dann in derselben Zeile nach rechts. Dort findet er nur Kreise ohne Markierung der Spaltenposition. Will er die Bedeutung der fixierten Position herausfinden, muss er nach oben auf den Spaltenkopf blicken. Um seine Antwort zu markieren, hat er seinen Blick dann wieder nach unten zu richten und in der richtigen Zeile zu fixieren. Das ist unnötig mühsam. Möglicherweise bleibt der Blick des Antwortenden auch bei der Suche nach den richtigen Kategorien bei einem anderen Item hängen. Die Beantwortung dieser Frage wird dann durch die gleichzeitige Befassung mit den anderen Items gestört. Der Bezugsrahmen für die korrekte Antwortgenerierung ist somit tendenziell aufgelöst. Die erhaltenen Antworten spiegeln die eigentlichen Ansichten der Befragten nur ungenau wider. Die methodisch adäquate Behandlung von Matrixfragen wirft noch viele

Fragen auf. Zur Beantwortung dieser Fragen empfiehlt es sich, neben den bisher angewandten Methodenexperimenten auch dezidierte Versuchsanordnungen mit Messgeräten zur Blickverfolgung zu verwenden. Damit der Bezug zwischen Antwortoption und Item bestehen bleibt, kann jede zweite Zeile farblich dezent abgesetzt werden.

Die Anzahl der Items einer Matrixfrage sollte so limitiert werden, dass alle wesentlichen Elemente der Matrixfrage auf einem Bildschirm Platz finden, ohne dass der Ausfüller scrollen muss. Dies bedeutet, dass sowohl die Skalenbeschriftung, die Itemtexte als auch der Submit- oder Weiter-Button gleichzeitig auf dem Bildschirm zu sehen sind. Die Anzahl der zu beurteilenden Items sollte in der Regel sieben Items nicht übersteigen. Die Itemtexte sind kurz zu halten. Sind längere Texte unausweichlich, kann der Zeilenumbruch optimiert und die Anzahl der notwendigen Haltepunkte für das Auge minimiert werden. Man sollte sich immer vergegenwärtigen, dass bei den Befragten die Tendenz besteht, den Text nur solange intensiv zu lesen, bis der Befragte meint, den Inhalt der Frage verstanden zu haben. Zur Vermeidung von Positionseffekten können die Items randomisiert werden, sofern das inhaltlich möglich ist.

Bei computergestützten Selbstausfüller-Fragebögen ist es leicht möglich, die Antworten von Probanden schon bei der Eingabe zu überprüfen und z. B. Nichtantworten anzumerken. Wird bei Matrixfragen eine Antwortpflicht in den Fragebogen programmiert, sollte bedacht werden, dass die Abbruchwahrscheinlichkeit erhöht wird, wenn die Antwortpflicht auf viele Items ausgedehnt wird. Items, deren Beantwortung gewünscht ist, die aber vom Ausfüller nicht bewertet wurden, können mit dezenter farblicher Unterlegung kenntlich gemacht werden. Eine Antwortpflicht muss außerdem nur dann gesetzt werden, wenn davon ausgegangen werden kann, dass jeder die Frage beantworten kann. Ist das nicht der Fall, ist in der Skala optimalerweise eine zusätzliche Option „Kann ich nicht beurteilen" enthalten.

Bei der Gestaltung von Matrixfragen muss man des Weiteren bedenken, dass die Gruppierung von Items nicht nur eine Frage der Leseökonomie oder der kompakteren Darstellung ist, sondern dass Items, die zusammen gruppiert werden, auch noch miteinander korrelieren (vgl. auch S.41). Tourangeau et al. (2004) berichten von einem Methodenexperiment, in dem eine Itembatterie von acht Items in drei unterschiedlichen Varianten präsentiert wurde, zuerst alle zusammen in einer Matrix, dann in zwei Matrizen zu je vier Items und schließlich auf acht einzelnen Seiten. Bei der Darstellung in Matrixform war die Interkorrelation der Items (gemessen mit Cronbachs alpha) signifikant höher als bei den anderen beiden Darbietungsformen. Ebenfalls interessant war, dass bei Items mit entgegengesetztem Wording - bei der eine Zustimmung zum Item eine Negation des Gesamtkontextes bedeutet - die Umdrehung des Wordings in der Matrixdarstellung weniger deutlich wahrgenommen wurde als in der Einzeldarstellung und damit zu mehr Antwortfehlern führte.

Aus diesem Befund zu schlussfolgern, dass Items auf einzelne Bildschirmseiten aufgeteilt werden sollten, hieße, den Befund zu überinterpretieren. Man kann sich die Tendenz vielmehr zu Nutze machen und Items zusammen gruppieren, die eine gemeinsame Dimension abbilden. Items aber, die zu unterschiedlichen Konstrukten gehören oder die anders wahrgenommen werden sollen als die übrigen Bestandteile einer Batterie, sollten auf getrennten Seiten abgefragt werden.

An dieser Stelle sei darauf hingewiesen, dass sich bei nicht adäquater Anwendung von Matrixfragen unkalkulierbare Layout-Effekte ergeben können. Die Antworten der Befragten resultieren unter Umständen nicht mehr aus ihrer Antwortdisposition, sondern sind durch das Instrument induziert. In der Methodenforschung kennt man den Effekt, dass Befragte bei Fragen mit gleichförmigen Antwortskalen eine Antworttendenz wählen, weil dies kognitiv einfacher ist, als immer wieder neu die eigene Position auf der Antwortskala zu bestimmen.

Dieser Effekt tritt bereits in mündlichen Interviews auf. Bei Online-Umfragen werden solche Tendenzen durch die Art der Durchführung verstärkt. Fragebögen im Internet werden mit der Maus ausgefüllt. Die Maus muss über dem Button platziert und dieser dann gedrückt werden. Es ist aufwendiger, von Zeile zu Zeile einen Button in einer anderen Spalte zu klicken als in derselben oder einer benachbarten Spalte nach unten fortzusetzen. Dazu kommt, dass auch das Auge eine bestimmte Position bei der Betrachtung am Bildschirm einnimmt. So ist es z. B. für den Betrachter einfacher, eine Druckseite komplett zu überblicken als eine Bildschirmseite.

Als Ergebnis dieser strukturellen Ausgangsbedingungen ist festzuhalten, dass es für Befragte einfacher ist, immer nur eine Spalte für ihre Antwort auszuwählen. Die Befragten könnten es als lästig empfinden, die Maus von links nach rechts zu bewegen, um ihre Meinung auszudrücken. Stattdessen ist es bequemer, entlang einer Spalte zu antworten[23].

Dieser Effekt wird um so häufiger auftreten, je weniger sich die Befragten für die Umfrage interessieren, je müder oder unaufmerksamer (gelangweilter) sie bereits sind und je schwieriger es für sie ist, die passende Antwort zu finden (je unklarer die Frage und unpassender die Antwortkategorien). Bei hochmotivierten Antwortern, die dem Anliegen des Fragebogenerstellers positiv gegenüberstehen, die sehr mitteilungsbereit sind und die gerne ihre Zeit für Umfragen zur Verfügung stellen, sind solche Effekte seltener anzutreffen.

---

[23] Gräf (1999) berichtet entsprechende Befunde auf der Basis unstrukturierter Interviews in Labortests. Systematische Auszählungen von Fehlern auf der Basis von Falschangaben liegen nicht vor. In einem Methodenexperiment im Rahmen einer Diplomarbeit untersuchte Gockenbach (2002), ob entsprechende Antwortmuster bei Matrixdarstellungen häufiger anzutreffen sind als bei einer Bildschirm für Bildschirm-Darstellung. Er fand nur schwache Belege für systematische Antworttendenzen.

Eine theoretische Beschreibung für diesen Sachverhalt bietet das Konstrukt „Satisficing“, das Krosnick et al. (1996) eingeführt haben. Mit diesem Begriff beschreiben sie Befunde, wonach manche Antwortmuster von Befragten zu verstehen sind, als ob die Antwortgeber den notwendigen kognitiven Prozess zur Generierung von Antworten abkürzen („[respondents] shortcut the cognitive processes necessary for generating optimal answers“, S.29). Krosnick et al. beschreiben den Antwortprozess wie folgt: „respondents must carefully interpret the meaning of each question, search their memories extensively for all relevant information, integrate that information carefully into summary judgments, and respond in ways that convey those judgments' meanings as clearly and precisely as possible“ (S.31). Satisficing entsteht demzufolge, wenn einer oder mehrere der kognitiv notwendigen Schritte ausgelassen werden.

3.1.4 Antwortskalen

Ausfüllende können immer nur mit Hilfe der Optionen antworten, die der Fragebogen vorsieht. Eine sorgfältige Planung der Antwortskalen ist daher unumgänglich. Untersuchungsteilnehmer orientieren sich an der optischen Präsentation einer Skala, um die für sie zutreffende Einordnung zu finden. Die Endpunkte der Skala müssen eindeutig gekennzeichnet und die Abstände zwischen den einzelnen Ausprägungen der Skala müssen gleich sein. Optionen, die Meinungslosigkeit oder Unwilligkeit zur Antwort bezeichnen, sind von der eigentlichen Skala optisch abzusetzen. Die Skalenendpunkte sind eindeutig zu kennzeichnen. Eine Verbalisierung der Extremkategorien hilft Verzerrungen vorzubeugen und sollte vorgenommen werden, wenn dies für das Verständnis der Zwischenabstufungen hilfreich ist. Skalenausprägungen müssen kurz und prägnant formuliert werden.

Für die Eingabe der Antwort hat sich der Rückgriff auf Standard-HTML-Formularelemente bewährt. Nach HTML-Standard werden Radio-

Buttons bei Einfachauswahlen und Check-Boxen bei Mehrfachauswahlen verwendet.

Radio-Button:  Check-Box: 

Diese mit der Maus zu bedienenden Elemente sind offenen Eingabefeldern vorzuziehen, in denen Befragte z. B. das Ausmaß ihrer Zustimmung zu einem Item mit einer Zahl eingeben könnten, wie Couper et al. (2001, S.236) herausgefunden haben. Dies ist auch theoretisch plausibel, da Online-Fragebögen in der Regel mit der Computermaus bedient werden. Der Einbau von offenen Eingabefeldern würde ansonsten Wechsel zwischen Tastatur und Maus notwendig machen, die von den Antwortenden als lästig empfunden werden können.

Freie Eingabeformen, die mit der Maus bedient werden können, sind im HTML-Standard nicht enthalten. Die Multimedia-Fähigkeiten des Internets machen es jedoch attraktiv, als kontinuierlich gedachte Einstellungen auch mit Instrumenten zu messen, auf denen sich Einstellungen kontinuierlich abbilden lassen. Mit technischen Hilfsmitteln wie Flash oder JavaScript lassen sich gut aussehende Skalen konstruieren, auf denen Antwortende ohne technisch vorgegebene Kategorisierungen ihre Einstellungen wiedergeben können. Methodenexperimente mit solchen visuellen Analogskalen waren bisher allerdings wenig ermutigend.

Abbildung 2: Visuelle Analogskala

Funke (2005) berichtet von längeren Antwortzeiten, höheren Drop-Out-Raten und insgesamt höherem Item-Non-Response. Dies lässt sich damit erklären, dass die HTML-Standard-Elemente allen Internetnutzern bekannt sind. Menschliche Bedienschnittstellen, die im Rahmen einer Online-Befragung ad hoc eingeführt werden, sind demgegenüber vielen Befragten fremd und werden daher nicht angewendet oder nicht verstanden[24]. Da Befragungen Erhebungssituationen darstellen, die hoch standardisiert ablaufen sollten, ist zusammenfassend davor zu warnen, Designelemente einzusetzen, die nicht bei allen Angehörigen der Zielpopulation oder nicht in gleicher Weise verstanden werden.

3.2 Fragenreihenfolge und Fragebogenaufbau

Der Aufbau eines Fragebogens ist gelungen, wenn das Interview vom Ausfüllenden wie ein gut strukturiertes Gespräch empfunden wird. Bei Online-Umfragen ist zwar kein Interviewer anwesend, dennoch wird es durch eine sinnvolle Gruppierung von Fragen auf HTML-Seiten und durch geschickte Aneinanderreihung dieser Fragen möglich, beim Ausfüllenden den Eindruck eines Gesprächs zu erwecken. Weil im Online-Interview Fragen als Bündel von einer oder mehreren Fragen gestellt werden, die vom Ausfüllenden durch Klick auf den Abschicken-Button an den Computer (und damit an den Forscher als virtuellen Kommunikationspartner) gesendet werden, ergibt sich ein Frage-Antwortspiel. Eine Sequenz dieses virtuellen Gespräch besteht aus mehreren Elementen. Der Forscher richtet eine oder mehrere Fragen auf einem Bildschirm an den Ausfüllenden. Dieser bearbeitet die Fragen, denkt über die Fragen nach, generiert seine Antworten und übermittelt diese Antworten schließlich durch Klick auf den Submit-Button.

---

[24] In ähnlicher Weise sollte man auch mit graphisch simulierten Radio-Buttons vorsichtig umgehen. Diese können sinnvoll sein, wenn sie eingesetzt werden, um das Anklicken von Antwortoptionen zu erleichtern. Immer wieder trifft man jedoch auf Befragungen, in denen die Designer zu experimentierfreudig waren und Radio-Buttons z. B. mit Wappen eines Bundeslandes oder mit allzu einladenden und suggestiven Ankreuzhaken versehen haben. Dies führt leicht zu unkontrollierbaren Kontexteffekten.

Von den Kognitionen, die bei dieser Tätigkeit gebildet werden, unterscheidet sich dieser Vorgang nicht vom Antworten in einer persönlichen Gesprächssituation. Nach dem Absenden der aktuellen Befragungsseite erwartet der Antwortende die nächste Frage. Vom Befragungsserver aus wird, als Reaktion auf die Antworten, die nächste Frage geschickt. Der Ausfüllende empfindet dies als Gesprächsfortsetzung durch den virtuellen Gesprächspartner, genauso wie sich in der persönlichen Gesprächssituation ein Dialog entspannt.

Eine Fragenreihenfolge ist dann gut, wenn sie für den Befragten wie ein Gespräch wirkt. Hierfür ist es entscheidend, dass der Antwortende die Folgefragen als passend für den Gesprächsverlauf empfindet. Dies ist dann der Fall, wenn die Folgefragen die Kognitionen des Befragten aufgreifen, die Folgefragen also den Erwartungen des Befragten an den Gesprächsverlauf entsprechen. Diese Erwartungen und Kognitionen bilden sich in den Frage-Antwortsequenzen heraus. Unbewusst verarbeitet der Befragte die gerade gestellten Fragen weiter und es ist wahrscheinlich, dass seine Gedanken in der kleinen Pause, bis die nächste Frage auf dem Bildschirm auftaucht und von ihm gelesen wird, weiter arbeiten. Bei Online-Umfragen werden in der Regel geschlossene Fragen gestellt. Nicht immer ist es möglich, mit den Antwortvorgaben die Gedanken abzugreifen, die sich die Befragten während des Antwortens machen. Daher ist es sinnvoll, offene Fragen in den Fragebogen einzuarbeiten, da Befragte sonst möglicherweise frustriert sind, wenn sie ihre Kognitionen nicht vollständig in den Fragebogen einbringen können. Wenn Themenblöcke gewechselt werden, sind Übergangs- oder Zwischenseiten hilfreich.

Die Computerunterstützung beim Online-Fragebogen ermöglicht angepasste Frageführungen. Diese Möglichkeit sollte genutzt werden, um den Befragten nicht unnötige Fragen zu stellen und die Befragten nicht übermäßig zu beanspruchen. Die adaptive Führung des Fragebogens basiert z.T. auf einfacher Filterführung, sie kann aber auch so weit gehen, dass die Folgeseiten ausschließlich durch Algorithmen auf Seiten des Befragungsservers berechnet werden, wie z. B. bei der Conjoint-Analyse die Zusammensetzung von nachfolgenden Paarvergleichen durch logis-tische Regression vom Befragungsserver bestimmt wird.

Online-Umfragen dauern in der Regel zwischen 10 und 30 Minuten. Durch eine Fortschrittsanzeige wird dem Befragten zumeist mitgeteilt, wie viele Fragen noch vor ihm liegen. In den meisten Fällen wird linear vorwärts durch den Fragebogen navigiert. In manchen Fällen werden auch explizit Buttons zur Rückwärtsbewegung angeboten. In psychologisch orientierten Fragebögen werden häufig Vorkehrungen getroffen, um auch das Rückspringen per Browser-Back-Button zu unterbinden. Für sozialwissenschaftliche Forschungen ist das in der Regel nicht notwendig. Da Befragte vielfach irritiert sind, wenn die üblicherweise gewohnten Bedienelemente des Browsers eingeschränkt sind, sollte man per Java-Script mögliche Einschränkungen der Browserumgebung nur dann vornehmen, wenn es dafür besondere Gründe in der Untersuchungsanlage gibt.

Auf die letzte Seite des Fragebogens sollte ein Dankestext platziert werden. Da ein Fragebogen, wie oben ausgeführt, wie ein Gespräch wirkt, sollte er auch wie ein solches höflich beendet werden. Sofern dies vom Untersuchungsdesign her möglich ist, empfehlen sich auch Hinweise, wo die Ergebnisse der Befragung zur Kenntnis genommen werden können.

Bei Online-Umfragen kann auf relativ einfache Art und Weise eine Art Controlling in den Fragebogen eingebaut und eine Rückmeldung zur Befragung selbst eingeholt werden. Eine allgemeine offene Frage „Gibt es sonst noch etwas, das Sie uns sagen wollen?“ ermöglicht den Ausfüllenden, Gedanken und Ideen mitzuteilen, die durch den Fragebogen aufgekommen sind, aber durch die gestellten Fragen und vorgegebenen Antworten nicht mitgeteilt werden konnten. Interessant sind auch Fragen nach der empfundenen Länge des Fragebogens sowie Fragen zur Beurteilung des Fragebogens selbst („Wie gut hat Ihnen diese Befragung gefallen?“). Mit diesen Fragen lässt sich abschließend herausfinden, ob Unstimmigkeiten im Feld vorlagen, die bei der Analyse und Interpretation der Daten berücksichtigt werden sollten.

3.3 Umfragekommunikation

Online-Umfragen werden angekündigt, für die Teilnahme an ihnen wird geworben und auf der Startseite werden wichtige Hinweise zum Zweck und zur Art der Umfrage gegeben. Der Durchführende der Untersuchung wird genannt, mögliche Ansprechpartner werden angeführt und Zusagen der vertraulichen Verarbeitung der Daten gegeben. Um eine möglichst hohe Antwortqualität zu erhalten, muss die gesamte Kommunikation im Rahmen der Umfrage in sich stimmig und glaubwürdig sein. Andernfalls ergeben sich Irritationen auf Seiten der Befragten und die Antwortqualität sinkt.

Dies betrifft nicht nur die offensichtlichen kommunikativen Bestandteile wie Anschreiben, Einladungsschreiben, Beschreibung der Umfrage auf der Startseite und auf den eventuell geschalteten Informationsseiten. Es bezieht sich auch auf die Formulierung von Fragen, deren Wortlaut, Stil und Ansprache passend zum Untersuchungsthema, der durchführenden Organisation und der Zielgruppe gewählt werden sollte. Des Weiteren ist notwendig, dass die Fragen, die gestellt werden, von der Zielpopulation als zum Thema passend empfunden werden. Unpassend wären beispielsweise Fragen, die in einem Alltagsgespräch von der Zielgruppe als nicht zugehörig zum Thema empfunden werden oder Fragen, die als zu sensibel für ein bestimmtes Thema gelten.

Der Befragte muss nachvollziehen und dann auch akzeptieren können, warum bestimmte Fragen, z. B. nach dem Einkommen, im Kontext eines bestimmten Themas gestellt werden. Auch die Kommunikation über

Fehler, die einerseits technisch auftauchen können oder die dem Befragten mögliche Eingabefehler rückmelden, sind in Stil und Sprache der gesamten Kommunikation anzupassen. So macht es z. B. einen schlechten Eindruck, wenn in einer deutschen Befragung englische Fehlermeldungen auftauchen.

In diesen Anforderungen unterscheiden sich Online-Umfragen nicht von schriftlichen Umfragen. Bei Online-Umfragen fallen Fehler schneller auf und Fehler haben stärkere Verzerrungen zur Folge. Die Auswirkung von Fehlern kann andererseits unmittelbar an der Zunahme von Abbrechern festgestellt werden. Dies ist zugleich der große Vorteil von Online-Umfragen, dass die Wirkung verschiedener Kommunikationsstile überprüft werden kann, bevor die eigentliche Umfrage ins Feld geht.

3.4 Qualitätssicherung

Bei allen wissenschaftlichen Vorhaben genießt die Sicherstellung der Datenqualität höchste Priorität. Eine minderwertige Datenbasis eignet sich nicht zur Validierung oder Falsifizierung von Hypothesen. Online-Umfragen bieten Möglichkeiten, die Datenqualität zu erhöhen. Zum einen können Antworten, die Befragte geben, direkt online auf ihre Plausibilität geprüft werden, zum anderen können Online-Umfragen sehr unaufwändig Pretests unterzogen werden.

Pretests dienen der Vergewisserung der Annahmen, die Forscher notwendigerweise im Rahmen der Konstruktion von Fragebögen treffen müssen. Der Forscher geht davon aus, dass die Instrumente von den Angehörigen der Zielpopulation in gleicher Weise verstanden werden, dass Definitionen bekannt sind, dass bestimmte Schlüsselkenntnisse vorhanden sind etc. Auch bestimmte handwerkliche Fehler lassen sich finden, wenn der Fragebogen vor Umfragestart an andere Experten zum Test gegeben wird. Beide Formen, der Expertenpretest wie auch der Pretest in der Zielgruppe, lassen sich bei Online-Umfragen einfacher, schneller und kostengünstiger realisieren als bei Offline-Umfragen.

Der Vorteil besteht darin, dass Online-Umfragen sehr einfach den Testpersonen bekannt gemacht werden können. Für solche Tests eignen sich auch willkürliche Stichproben, so dass das Auffinden von Testpersonen kein Problem darstellen sollte[25]. Ein weiterer Vorteil ergibt sich dann, wenn geeignete Software eingesetzt wird oder die Fragebögen für den Test so programmiert werden, dass Befragungsteilnehmer auf jeder Umfrageseite auf Knopfdruck Kommentare abgeben können. Dies gilt insbesondere für Expertenpretests. Für Pretests an Zielgruppen sind zwischendurch zusätzliche Probing-Fragen (auch: Kontrollfragen) einzubauen, um z. B. das Textverständnis zu testen[26].

Flüchtigkeitsfehler bei der Eingabe oder inkonsistente Antworten können gefunden werden, wenn in den Online-Fragebogen Eingabeüberprüfungen eingebaut werden. Bei schriftlichen Befragungen können Eingabefehler erst nach Erhalt der Fragebögen gefunden werden und in der Regel unterbleibt eine Aufklärung der Fehler, weil die Rückkommunikation zum Befragten zu aufwändig wäre. In Online-Umfragen lässt sich direkt überprüfen, ob Fragen überhaupt und ob Fragen in passender Weise beantwortet wurden. Insbesondere bei Fragestellungen, bei denen bestimmte Berechnungen vom Ausfüllenden erwartet werden, sind Fehlerrückmeldungen sinnvoll. Ähnliches gilt, wenn z. B. bei Mehrfachantworten nur eine bestimmte Menge von Antwortalternativen ausgewählt werden darf.

Im Allgemeinen sollten Eingabeüberprüfungen sparsam eingesetzt werden, da Befragte auf zu viele Korrekturhinweise ablehnend reagieren und die Tendenz zum Interview-Abbruch steigt. Auch hier liegt wieder ein

---

[25] Eine einfache Möglichkeit, Pretester zu finden, bietet das Pretester-Programm von Unipark, siehe S.140.

[26] vgl.: Faulbaum, Frank / Prüfer, Peter / Rexroth, Margrit: Was ist eine gute Frage?: Die systematische Evaluation der Fragenqualität. Wiesbaden 2009.

besonderer Vorteil von Online-Umfragen darin, dass die Wirkung von Eingabeüberprüfungen in Pretests vorher geprüft und - falls dies nicht möglich war - zur Feldzeit an steigenden Abbruchraten auf Seiten mit schlecht gesetzten Eingabeüberprüfungen festgestellt werden kann.

3.5 Befunde zur Validität und Reliabilität von Online-Umfragen

Das wichtigste Kriterium zur Nützlichkeit einer neuen Erhebungsmethode ist die Datenqualität. Gerade für seriöse und auf Wissenschaftlichkeit bedachte Untersuchungen ist es nicht hinreichend, eine Erhebungsmethode anzuwenden, die von besonderer Praktikabilität ist, wenn hierdurch nicht dieselbe Erkenntnisqualität erzielt werden kann wie mit konventionellen Verfahren. Inzwischen liegt eine Menge von Befunden vor, die zeigen, dass die Datenqualität von Online-Umfragen besser, zumindest aber nicht schlechter als bei telefonischen oder persönlichen Befragungen ist. Datenqualität meint hierbei nicht nur das Ausmaß an Messfehlern, sondern auch die Genauigkeit, mit der Erkenntnisse gewonnen werden können.

Eine besonders instruktive Untersuchung haben Chang und Krosnick (2004) durchgeführt. Anlässlich der Präsidentschaftswahl 2000 in den USA führten sie ein - wie sie es nennen - nationales Feldexperiment durch. Vor der Wahl wurden sowohl per Telefon als auch per Internet-Panel nationale Stichproben zur Wahlabsicht, zur Einschätzung der Kandidaten und zu wahlrelevanten Einstellungen befragt. Nach der Wahl wurden dieselben Personen zum gezeigten Wahlverhalten und nochmals zur Einschätzung der Kandidaten befragt. Die aus der Internet-Stichprobe erhaltenen Daten erklärten die Wahlabsicht in der ersten Welle signifikant besser. Auch die Vorhersagen des Verhaltens, das in der zweiten Welle abgefragt wurde, waren signifikant besser als in der Telefonstichprobe (Chang und Krosnick, 2004, S.21ff).

Zudem wird berichtet, dass bei Online-Umfragen das Antwortverhalten in Bezug auf offene Fragen deutlich ausführlicher ist. Im Allgemeinen antworten mehr Befragte auf offene Fragen als in anderen Erhebungsmodi und diejenigen, die antworten, tun dies im Durchschnitt detaillierter (zuletzt berichtet bei Olivier 2005, S.349).

Chang und Krosnick fanden bei ihrem Feldexperiment in Strukturgleichungsmodellen deutlich geringere Zufallsfehler beim Antwortverhalten in der Internet-Stichprobe. Darüber hinaus zeigten die Antwortenden aus der Internet-Stichprobe ein größeres Differenzierungsvermögen und antworteten bei den Skalenfragen deutlich seltener mit der mittleren Position (Chang und Krosnick, 2004, S.23).

Hinweise auf bessere Datenqualität finden sich auch bezüglich sozialer Erwünschtheit von Antworten. Der fehlende Interviewereinfluss scheint höhere Ehrlichkeit und eine größere Bereitschaft sensible Sachverhalte zu berichten, zu begünstigen.

4 Teilnahmeverhalten an Online-Umfragen

Die Mitteilungsbereitschaft von Personen, die im Internet unterwegs sind, ist enorm. In vielen Foren, Weblogs, Chats tauschen sich Nutzer aus. Auf den meisten News-Seiten können Kommentare hinterlassen werden. So verwundert es nicht, dass die Bereitschaft, sich im Internet befragen zu lassen, sehr hoch ist. Aus der Tatsache, dass viele Umfragen und Quickvotes durchgeführt werden, kann andererseits nicht geschlossen werden, dass im Internet die Befragungsbereitschaft höher als außerhalb des Internets ist, vielmehr scheint diese in beiden Fällen denselben Gesetzmäßigkeiten zu unterliegen[27]. Nach 15 Jahren Online-Forschung liegen einige Befunde vor, die zeigen, was das Teilnahmeverhalten im Netz kennzeichnet. Diese werden im Folgenden vorgestellt und erörtert.

4.1 Rückläufe und Ausschöpfungsquoten

Betrachtet man die Antwortverläufe von Online-Umfragen, so fällt auf, dass zu jeder Tageszeit geantwortet wird. Nur zwischen 3:00 und 4:00 Uhr nachts scheinen keine Interviews stattzufinden. Abbildung 1 zeigt prototypisch die Antwortkurven bei vier verschiedenen Befragungstypen. Mitarbeiterbefragungen werden in der Regel zwischen 8:00 und 18:00 Uhr ausgefüllt, die Mehrzahl der Befragungen fällt auf den Vormittag. Panelumfragen werden in der Hauptsache zwischen 7:00 und 21:00 Uhr beantwortet. Die Spitzenzugriffszeit liegt hier am frühen Abend in der Freizeit. Onsite-Befragungen und Click-Me-Befragungen rangieren dazwischen.

---

[27] Bosnjak stellte auf der GOR05 eine Metaanalyse von Antwortquoten bei On- und Offlinestudien vor und konnte dabei zeigen, dass sich die Ergebnisse nicht nach dem Befragungsmodus unterscheiden.

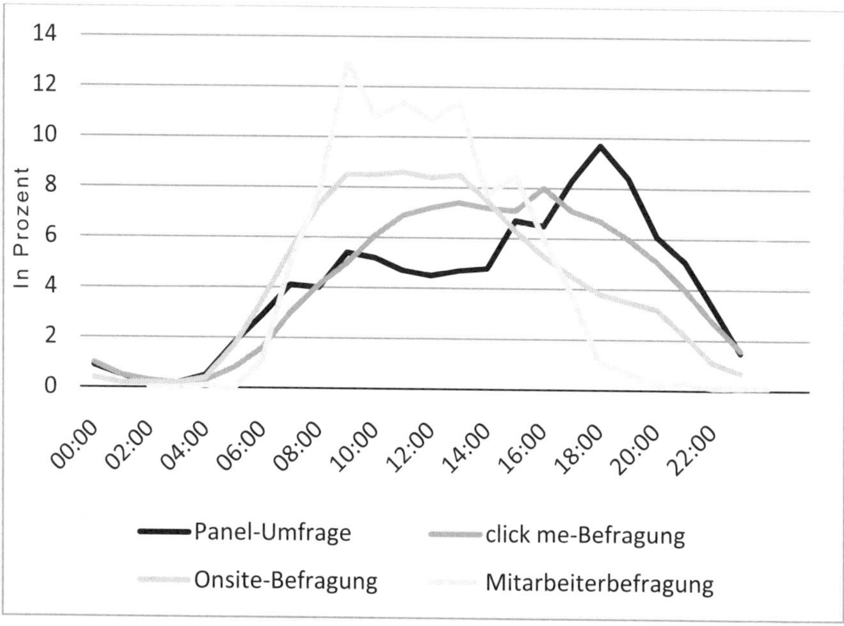

Abbildung 3: Beantwortung nach Tageszeiten

Betrachtet man den Rücklauf auf zwei typische Befragungsarten, ergeben sich weitere Auffälligkeiten. Während bei Mitarbeiterbefragungen der Rücklauf sich stetig und kontinuierlich auf einen bestimmten Zeitraum verteilt und erst nach 14 bis 21 Tagen das Maximum erreicht, sind die Rücklaufkurven bei Panel-Befragungen steiler. Nach wenigen Tagen haben bereits 60 % der angeschriebenen Teilnehmer geantwortet. Nach etwa sieben Tagen ist hier das Maximum erreicht. Durch Erinnerungsschreiben kann die Teilnehmerzahl nochmals um ca. 10 % erhöht werden. Ausschöpfungsquoten von mehr als 80 % sind jedoch selten.

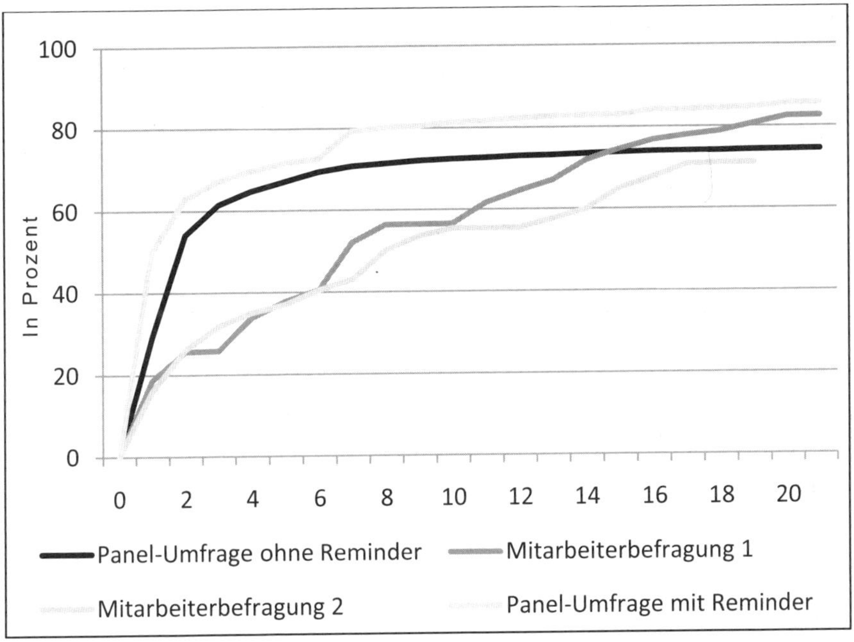

Abbildung 4: Rücklauf in Tagen

Teilnehmerquote und Beendigungsquote unterscheiden sich deutlich bei den verschiedenen Typen von Online-Umfragen. Bei den Click-Me-Befragungen, die per Banner oder Link oder per Newsletter beworben werden, liegt die Quote derjenigen, die sich an der Umfrage beteiligen, bei unter 1 %. Von diesen Personen beenden zwischen 70 und 90 % die Umfrage. Die Teilnahmequote bei Onsite-Befragungen beträgt zwischen drei und sieben Prozent. Die Beendigungsquoten sind hier aber deutlich geringer und liegen etwa zwischen 50 und 70 %.

Panel-Umfragen, die mit Stichproben aus speziell zu Befragungszwecken aufgebauten Online-Access-Panels durchgeführt werden, erreichen Teilnahmequoten zwischen 30 und 80 %. Die Beendigungsquote kann hier bis zu 98 % erreichen. In den USA werden häufig Panel-Umfragen bei so genannten Stichproben-Dienstleistern geschaltet (z. B. Toluna oder

Survey Sampling International). Bei diesen Stichproben können üblicherweise Teilnahmequoten zwischen 15 und 25 % erzielt werden[28]. Bei Mitarbeiterbefragungen liegen die Beteiligungsraten zwischen 40 und 80 %. Dies hängt in erster Linie davon ab, wie stark das Thema der Befragung die Belegschaft involviert, ob die Belegschaft überfragt ist und ob die Belegschaft darauf vertraut, dass die Ergebnisse der Mitarbeiterbefragung zu Verbesserungen führen. Kundenumfragen schließlich erzielen Antwortquoten zwischen 20 und 60 %. Die Beendigungsquote liegt bei Mitarbeiter- und Kundenumfragen in der Regel über 80 %.

Tabelle 3: Typische Ausschöpfungsquoten

Rekrutierung	**Teilnahmequote**	**Beendigungsquote**
Per Banner / Link / Newsletter (ClickMe-Befragung)	< 1%	70 – 90%
Pop Up / Layer (Onsite-Befragung)	3 – 7%	50 – 70%
Panel-Umfrage	30 – 80%	95 – 98%
Mitarbeiterbefragung	40 – 80%	80 – 95%
Kundenumfrage	20 – 60%	80 – 90%

Quelle: Globalpark AG

Zuletzt seien noch die typischen Verläufe von Abbruchstatistiken berichtet. Wie in Abbildung 5 ersichtlich, brechen viele Befragte auf den ersten Seiten eine Befragung ab. Sofern der Fragebogen keine Besonderheiten aufweist und nachfolgende Fragen keine handwerklichen Fehler zeigen,

[28] Ein Nachweis, dass die höheren Ausschöpfungsraten bei gut gepflegten Panels zu besserer Datenqualität führen, ist bisher noch nicht geführt worden. Plausibilitätsgründe sprechen jedoch dafür.

wächst die Abbruchquote kontinuierlich, aber in geringem Maße von Seite zu Seite. Bei der relativ langen Befragung von Perspektive Deutschland[29] betrug die Abbruchquote zum Ende nach 149 Fragen etwas mehr als 20 %. Für eine freiwillige Click-Me-Befragung ist das ein sehr guter Wert. Auffallend an dem Ergebnis ist, dass die anfängliche Abbruchquote insbesondere bei Onsite-Befragungen sehr hoch ist. Das ergibt sich vermutlich daraus, dass manche Befragte erst auf der zweiten Seite realisieren, dass es sich bei der Onsite-Befragung um eine richtige Befragung mit mehreren Fragen und nicht nur um eine Quick-Vote-Umfrage von einer Seite handelt.

4.2 Non-response und Abbruchquoten

Durch fehlende Auskünfte von Personen, die zwar zur Stichprobe gehören, aber nicht an der Umfrage teilnehmen, kann die Qualität einer Datenerhebung nachhaltig beeinträchtigt werden. Insbesondere bei zufallsbasierten Auswahlen besteht die Gefahr, dass durch Nichtteilnahme, d.h. Non-response, die Ergebnisse einer Befragung systematisch verzerrt werden.

Aussagen, die auf der Basis der beobachteten Zusammenhänge festgestellt werden, sind möglicherweise nicht richtig, sondern resultieren unter Umständen aus einer verzerrten Zusammensetzung der Stichprobe. Um solche Artefakte auszuschließen, ist eine Dokumentation und Analyse der Ausfälle sehr hilfreich. Online-Umfragen weisen gegenüber traditionellen Erhebungen in dieser Hinsicht einige Besonderheiten auf.

---

[29] Perspektive Deutschland war eine Internet-Umfrage, die von 2001/2002 bis 2005/2006 regelmäßig durchgeführt wurde. Alle interessierten Bürger konnten dabei einen digitalen Fragebogen zu verschiedenen gesellschaftlichen und politischen Themen ausfüllen. (Vgl. Wikipedia. 01.05.2010. http://de.wikipedia.org/wiki/Perspektive-Deutschland. Stand: 24.06.2010.)

Bei Online-Umfragen (wie auch bei schriftlichen Umfragen) ist die Entscheidungssituation für den Befragten relativ offen. Es ist kein Interviewer anwesend, der zur Teilnahme überreden und durch die Unmittelbarkeit des Kontaktes informellen Druck zur Teilnahme erzeugen könnte (Esser, 1986). Anders als bei schriftlichen Umfragen kann im Online-Interview beobachtet werden, an welchen Stellen Probanden abbrechen. Wenn über die Stichprobe vorab soziodemographische Informationen bekannt sind, wie es z. B. bei Online-Access-Panels der Fall ist, können auch die Ausfälle analysiert werden. Anders als bei telefonischen oder persönlichen Befragungen besteht hingegen kaum Wissen über die Gründe für Nicht-Teilnahmen. Die folgende Tabelle zeigt die unterschiedlichen Gegebenheiten beim Online-Interview im Vergleich zu den herkömmlichen Verfahren.

Tabelle 4: Non-response Formen

	Online	**Offline Papier**	**Offline Telefon**	**Offline persönlich**
Nicht-Teilnahme	ja	ja	ja	ja
Technische Gründe für Nichtteilnahme	ja	ja	ja	ja
Nicht-technische Gründe für Nichtteilnahme	nein	nein	ja	ja
Abbrüche dokumentieren				
Abbruch auf Startseite	ja	nein	nein	nein
Abbruch zwischendurch	ja	nein	selten	selten
Umfrage beenden				
Beenden ohne sinnvolle Antwort (Lurker)	ja	nein	selten	selten
Beenden mit unvollständigen Antworten	ja	ja	ja	ja
Beenden mit vollständigen Antworten	ja	ja	ja	ja

Es ist eine Besonderheit von Online-Umfragen, dass sich Abbrüche dokumentieren und analysieren lassen. Bei telefonischen Interviews oder bei persönlichen Interviews sind Abbrüche sehr selten. Wenn einmal ein Interview begonnen wird, wird es normalerweise auch beendet. Bei schriftlichen Umfragen sind Abbrüche nicht feststellbar und über den Bearbeitungsprozess ist normalerweise nichts bekannt. Fragebögen werden erst dann zurückgeschickt, wenn sie zu Ende ausgefüllt sind.

Somit sind Online-Umfragen die einzige Befragungsform, bei der sich Abbrüche analysieren lassen. Bosnjak, Tuten und Bandilla (2001) machen darauf aufmerksam, dass manche Teilnehmer bei Online-Umfragen Seite für Seite eines Fragebogens durchklicken, ohne eine Frage zu beantworten. Solche Personen nennen sie Lurker. In unserer Klassifikation werden solche Fälle als „Beenden ohne sinnvolle Antwort" benannt[30].

Die unterschiedlichen Befragungsformen im Internet weisen typische Abbruchraten und typische Abbruchstellen auf. Bei Onsite-Befragungen stellt z. B. die erste Umfrageseite eine typische Abbruchstelle dar. Bei Panel-Umfragen und bei Mitarbeiterumfragen sind die Abbruchquoten am geringsten. Die folgende Abbildung zeigt typische Abbruchquoten

---

[30] Aktuelle Zahlen aus Studien, die auf Befragungsplattformen von Globalpark durchgeführt wurden, zeigen, dass die Relevanz der Lurker abgenommen hat. Bosnjak, Tuten und Bandilla berichteten 2001 noch von 6,9 % Lurkern und 13,3 % Lurking Drop-Out. In einem Setting vergleichbarer Click-Me-Studien auf der Befragungsplattform sozioland (www.sozioland.de) fanden sich bei 13 von 18 untersuchten Studien keine Lurker. Bei 5 Studien schwankte ihr Anteil zwischen 0,27 % und 1,7 %. In Bezug auf Datenqualität verschiebt sich inzwischen der Fokus von den Personen, die nicht antworten, obwohl sie bis zum Ende des Fragebogens geklickt haben, zu den Personen, die schlecht antworten. In der Marktforschung wird daher die Qualität von Antwortenden auf der Basis einer Zeitbetrachtung ermittelt. Globalpark hat in seine Umfragelösungen einen entsprechenden Algorithmus eingebaut. Diejenigen, die einen Fragebogen zu schnell beantworten (egal ob durch Weiterklicken oder durch unreflektiertes Anklicken von Antwortoptionen), werden dabei gekennzeichnet und der Forscher kann entscheiden, ob er diese Fälle von der Analyse ausschließen möchte (siehe auch: S.137).

von ClickMe-Befragung, Panel-Befragung, Mitarbeiter-Befragung und Onsite-Befragung.

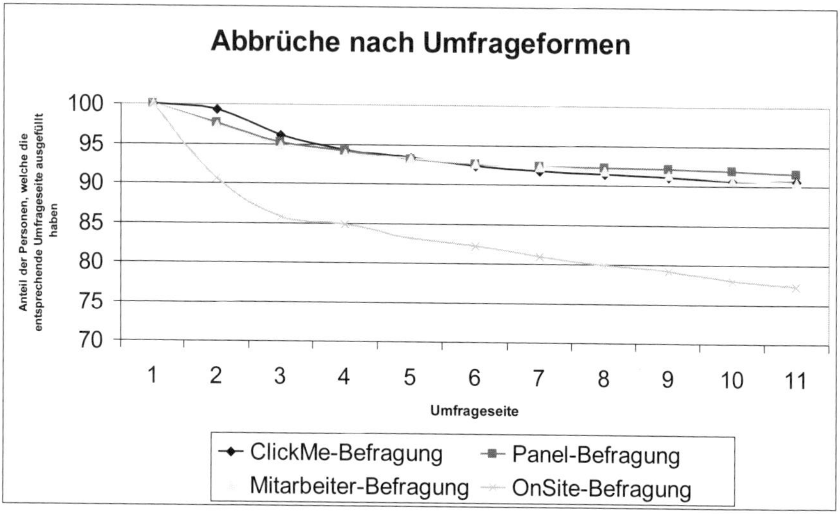

Abbildung 5: Abbrüche nach Umfrageformen

Abbrüche sind eine Funktion von Qualität der Stichprobe, Qualität des Instruments, Interesse am Thema und Erwartung einer Belohnung bei Beendigung der Umfrage. Unter sonst gleichen Umständen ergeben sich Abbrüche durch Störungen und Ablenkungen. Die Personen, die gerade einen Fragebogen beantworten, werden durch banale Alltäglichkeiten aus dem Antwortprozess gerissen. Möglicherweise klingelt das Telefon, eventuell stören Zimmernachbarn oder es klingelt an der Tür. Vielleicht gibt es Ablenkungen durch den Computer. Neu ankommende E-Mails machen sich bemerkbar oder entfernt sitzende Gesprächspartner melden sich per Instant Message-System. Der Effekt, der unter solchen Randbedingungen zu einer fortschreitenden Abbruchquote führt, ist banal. Mit fortschreitender Zeit erhöht sich die Wahrscheinlichkeit, dass Störungen vorkommen.

Dieses Abbruchpotential ist typisch für selbst administrierte Interviews. Spezifisch für Online-Umfragen im Vergleich zu traditionellen schriftlichen Befragungen sind Abbruchanlässe, die darin gründen, dass Online-Umfragen unter Zuhilfenahme eines PCs ausgefüllt werden. Systematische Variationen zwischen verschiedenen Studien ergeben sich mit Hinblick auf die oben genannten Randbedingungen: Qualität der Stichprobe, Qualität des Instruments, Interesse am Thema und Erwartung einer Belohnung bei Beendigung der Umfrage.

Der Faktor „Qualität der Stichprobe" bezieht sich auf das mittlere Niveau an Antwortgüte, das in der bestimmten Stichprobe vorhanden ist. Er beschreibt Stichproben im Hinblick darauf, in welchem Ausmaß sie Personen enthalten, die auskunftbereit und ehrlich sind, die nicht vordringlich durch eine Belohnung motiviert sind und die nicht taktisch antworten. Die Antwortgüte einer Person meint ganz allgemein die Bereitschaft dieser Person, zu einem Sachverhalt aufgrund ihrer wahren Disposition Stellung zu nehmen.

Als ein unscharfer Stellvertreter für diese Eigenschaft sei hier die Bereitschaft genommen, an einer Studie teilzunehmen und diese Studie zu beenden. In Bezug auf die Antwortquote, d.h. den Anteil derjenigen, die auf den Aufruf zu einer Umfrage reagieren, gibt es beträchtliche Differenzen, die auf Unterschiede in der Qualität der Stichprobe schließen lassen. In Online-Access-Panels, die als Befragungspanel betrieben werden, beenden im Mittel 40-60 % der angeschriebenen Panelmitglieder eine Umfrage[31]. Bei Panels, die eine besondere Bindung der Panelmitglieder an das Panel aufgebaut haben, erreicht dieser Wert auch durchaus 80 %. Bei Umfragen in Adressbeständen von internationalen Stichprobenanbietern liegt die mittlere Beendigungsquote bei 15-25 %. Umfra-

---

[31] Diese Angaben beruhen auf Nachfragen bei Anbietern und Nachfragern von Stichprobendienstleistungen.

gen, die über Adressbestände von Direktmarketing-Anbietern realisiert werden, liegen im Schnitt zwischen 5-15 %.

Mit Blick auf die ältere Literatur gibt es Grund zur Annahme, dass in Stichproben, die geringe Antwortquoten zeigen, bestimmte Populationsteile überrepräsentiert sind. Esser wies 1986 darauf hin, dass Verzerrungen in den Daten empirischer Sozialforschung auch eine Funktion von Stichproben sind und dass diese umso höher zu erwarten sind, je stärker der Anteil selbständiger Kooperationsentscheidungen beim Befragten ist (1986, S.46).

In welcher Form sich stark unterschiedliche Antwort- und Beendigungsquoten auf die Qualität von Aussagen auswirken, ist der weiteren systematischen Forschung vorbehalten. Dabei sind neben den teilnahmebezogenen Quoten und der Antwortqualität (Abbruchquote, Ausmaß an Lurkern, zeitbezogene Qualitätsindizes) auch Validität (concurrent validity, predictive validity) und Reliabilität einzubeziehen sowie Vergleiche zu Verteilungs- und Zusammenhangsergebnissen, die offline gewonnen wurden. Mit einzubeziehen in solche Forschungen ist auch, welche Auswirkungen sich ergeben, wenn geringe Antwortquoten durch das Ausweichen in Quotenstichproben unsichtbar werden.

Der Faktor „Interesse am Thema“ ist ebenfalls von Bedeutung. Wer am Thema der Befragung interessiert ist, findet die Befragung spannender, hat vermutlich auskristallisierte Meinungen zum Thema, ihm fällt daher das Antworten leichter und er fühlt sich durch Fragen zum Thema angeregt weiterzudenken. Andererseits darf die Stichprobe nicht durch ein bestimmtes Interesse verzerrt sein. Eine allgemeine Umfrage zur Wahlabsicht wäre z. B. verzerrt, wenn sie insbesondere die Personen beteiligte, die sich in besonderem Maße für Politik interessieren. Ein besonderes Interesse am Thema ergibt sich auch dann, wenn die Ausfüllenden erwarten, dass durch die Ergebnisse der Umfrage und damit indirekt durch die Beteiligung an der Umfrage Änderungen ausgelöst werden, von denen die Ausfüllenden profitieren. Dies ist z. B. häufig bei Mitarbeiterbefragungen, Kundenbefragungen oder Website-Tests der Fall.

Gegenüber den anderen hier vorgestellten Faktoren ist der Faktor „Erwartung einer Belohnung“ besonders gut untersucht. Insbesondere im Kontext von Panelstudien und Studien zu den Determinanten der Teilnahmebereitschaft wurden Mechanismen zur Erhöhung von Teilnahmebereitschaften getestet. Da diese Maßnahmen vorwiegend Strategien beschreiben, um die Teilnehmerquote zu erhöhen, werden diese zusammenfassend im nächsten Kapitel behandelt.

Bei sonst gleichen Bedingungen finden sich unterschiedliche Abbruchverläufe, die im Instrument begründet liegen und die daher Rückschlüsse auf Fehler des Instruments zulassen. Eine erhöhte Anzahl von Abbrüchen resultiert dann aus vier Faktoren, die in der Qualität des Instruments begründet liegen:

1. Störungen
   Die Kumulation kleiner, eher unbewusst wirkender Störungen im Gesamtbild des Fragebogens erhöht die Abbruchquote. Das ist etwa dann der Fall, wenn das Layout eines Fragebogens nicht ausgearbeitet ist, wenn die Art der Fragen nicht zum Sponsor der Untersuchung passen (wenn etwa eine akademische Institution Fragen stellt, die man eher in einer Marktforschungsstudie erwartet) oder wenn der kognitive Rahmen, der durch den Fragetext aufgespannt ist, nicht gut mit dem Rahmen korrespondiert, den die Antwortoptionen bilden.

2. Technik
   Übermäßig häufige Abbrüche an einer bestimmten Stelle im Interview können sich durch technische Probleme ergeben. Filterbedingungen können in eine Sackgasse geführt haben. Aus technischen Gründen werden z. B. Fragetexte oder Antworten nicht vollständig angezeigt. Auch kann der Aufbau einer Frage zu komplex für bestimmte Browser sein. Die Frage wird daher nicht angezeigt.

3. Sensitive oder unpassende Frage
   Wenn eine Frage als zu privat für den Kontext einer Untersuchung angesehen wird, reagieren Teile der Studienteilnehmer mit Abbruch der Befragung. Es kann auch der Fall sein, dass eine Frage als unpassend im Kontext des Themas angesehen wird und Teile der Befragten der Ansicht sind, dass diese Frage nicht in den Kontext der aktuellen Untersuchung passt.

4. Falsch oder schlecht gestellte Fragen
   Handwerkliche Fehler in der Frageformulierung wie unklar gestellte Fragen, schwer zu verstehende Fragen, Fragen, die vom Zielpublikum nicht verstanden werden etc. führen ebenfalls zu einer Zunahme von Befragungsabbrüchen.

4.3 Teilnahmebereitschaft

In der Literatur zur Methodenforschung wird ein ganzes Bündel an Faktoren aufgezählt, die zur absichtlich getroffenen Entscheidung führen, an einer Studie teilzunehmen oder nicht teilzunehmen. Porst und von Biel (1995) sowie in ihrer Nachfolge Bosnjak und Batinic (1999) benennen drei Klassen von Teilnahmegründen: Altruistische Gründe, befragungsbezogene Gründe sowie persönliche Gründe. Nach Cavusgil und Cavusgil und Elvey-Kirk (1998) ist die studienspezifische Teilnahme- und Antwortbereitschaft abhängig von der Anmutung der Studie, ihrer

Neuartigkeit, dem angebotenen Incentive, der Bequemlichkeit der Beantwortung, dem Ausmaß moralischer Verpflichtung, dem angenommenen gesellschaftlichen Beitrag sowie der Themenkenntnis.

Auf der Basis der aktuellen Befundlage können neben der Auslobung von Belohnungen drei Faktoren benannt werden, die zu höheren Teilnahmequoten führen:

1. Umfragen, die sich auf einen allgemein anerkannten Sponsor stützen, z. B. eine Universität, eine Forschungseinrichtung oder einen anerkannten gesellschaftlichen Akteur, erzielen höhere Teilnahmequoten, als wenn zur Teilnahme an einer Umfrage eines Marktforschungsinstituts geworben wird.
2. Umfragen, zu denen mit personalisierten Anschreiben eingeladen werden, erzielen ebenfalls höhere Teilnahmequoten. Unter dieser Voraussetzung ist es leichter möglich, durch Kommunikation beim potentiellen Befragten eine Verpflichtung zur Teilnahme zu erzeugen (durch Hinweis auf die Bedeutung und Notwendigkeit der Sache, durch Appell an eine persönliche Verantwortung, etc.). So wurde etwa festgestellt, dass Anschreiben, die von ranghohen und einflussreichen Personen versandt werden, zu höheren Rücklaufquoten führen (Joinson und Reips, 2005). In Mitarbeiterbefragungen wird dieser Effekt eingesetzt und die Befragungen zumeist im Namen der Geschäftsleitung verschickt.
3. Die Kommunikation eines Nutzens der Befragung, der für die potentiellen Teilnehmer relevant oder zumindest nachvollziehbar ist, erhöht ebenso die Teilnahmequote.

In Experimenten zur Wirksamkeit der Auslobung von Belohnungen als Mittel zur Steigerung der Teilnahmequoten an Umfragen spielen insbesondere zwei theoretische Konstrukte eine Rolle, zum einen die Reziprozitätsnorm und zum anderen der Unmittelbarkeits-Effekt. Die Reziprozitätshypothese behauptet etwa, dass vorausbezahlte Belohnungen dazu führen, dass sich Personen verpflichtet fühlen, eine Gegenleistung (in diesem Fall die Umfrageteilnahme) zu erbringen. Bei postalischen Befragungen gilt allgemein eine vorausbezahlte monetäre Incentivierung oder ein zugestelltes Geschenk als probates Mittel zur Steigerung der Teilnahme. Bei Internet-Umfragen stellt sich das Problem, monetäre Anreize ohne Medienbruch an die potentiellen Teilnehmer einer Untersuchung zu bringen. In Experimenten hat sich bis dato kein teilnahmesteigernder Effekt von Vorausbezahlungen gezeigt. Auch in den USA blieben vorausbezahlte monetäre Anreize etwa durch Überweisungen auf ein PayPal-Konto wirkungslos. Bosnjak geht davon aus, dass dies darin gründet, dass entsprechende Incentives nicht greifbar sind.

Demgegenüber spielt die Unmittelbarkeit der Belohnung eine große Rolle. In Experimenten zum sog. Immediacy-Effect konnte nachgewiesen werden, dass Personen unmittelbare gegenüber verzögerten Belohnungen vorziehen und dass zugesagte Belohnungen, die unmittelbar an die Befragungsteilnahme ausgezahlt werden, die Antwortquote positiv beeinflussen (siehe Galesic und Bosnjak, 2004, dort auch Hinweise zur weiterführenden Literatur). Für Online-Umfragen kann man diesen Effekt ausnutzen, indem man den Befragten versichert, dass sie unmittelbar im Anschluss an die Befragung erfahren, ob sie bei einer Verlosung gewonnen haben oder nicht. In ähnlicher Weise sollten diese Befunde auch für unmittelbare Ergebnisrückmeldungen gelten, auch wenn hierfür experimentelle Ergebnisse nicht vorliegen.

Die bisher dargestellten Ergebnisse gelten für Befragungen zu einem Zeitpunkt. Viele der Online-Umfragen finden im Rahmen von Online-Access-Panels statt. In diesen Panels richten sich die Maßnahmen zur Teilnahmesteigerung nicht auf die Teilnahme an bestimmten einzelnen Studien, sondern auf die Steigerung oder Aufrechterhaltung der Teilnahmebereitschaft an vielen Umfragen.

Die psychologischen Wirkungszusammenhänge, die hinter der Reziprozitätshypothese wie auch der Unmittelbarkeitsthese stehen, erfordern bei Teilnahmen an Längsschnitt-Studien andere Maßnahmen zur Steigerung der Teilnahmebereitschaft. Wenn der gleiche Mechanismus unterstellt wird, dass Menschen kleinere, aber sehr wahrscheinliche Belohnungen größeren, aber erst in späterer Zukunft erreichbaren Belohnungen vorziehen, dann ist die subjektive Wahrscheinlichkeit einer Entlohnung entscheidend. In die Einschätzung dieser Wahrscheinlichkeit geht in einem Panel notwendigerweise die bisherige Erfahrung des Panelteilnehmers ein. Durch Begrüßungsgeschenke kann z. B. die Reziprozitätsnorm ausgenutzt werden.

Klare Regeln über die Auszahlung von Bonuspunkten als Gutscheine, Produkte oder Geld können die Wahrscheinlichkeit einer Belohnung für Panelteilnehmer erhöhen. Ähnliches gilt dann auch für Verlosungen, über deren Gewinnwahrscheinlichkeit sich die Panelteilnehmer im Verlauf ihrer Zugehörigkeit zum Panel eigene Hypothesen machen. Es ist daher davon auszugehen, dass die universellen Wirkmechanismen der Psychologie auch auf die Motivation zur Studienteilnahme im Rahmen eines Panels zutreffen, dass die genauen teilnahmesteigernden Maßnahmen bei Längsschnitten sich aber von denen bei Querschnitten unterscheiden.

Zur Frage, welche Strategien auf Dauer in Panels besonders erfolgreich sind, gibt es kaum Literatur. In diesem Bereich haben zwar einige der großen Marktforschungsinstitute Erfahrungen, auch im Offline-Kontext, aufgebaut, diese werden jedoch in der Regel als spezifisches Firmen-Know-How betrachtet und daher nicht veröffentlicht. Anja Göritz hat auf der Basis eines Fünf-Wellen-Experiments in einem Online-Panel herausgefunden, dass die dauerhafte Teilnahmebereitschaft von Befragten, die kontinuierlich mit Bonuspunkten prämiert werden, höher liegt, als bei denjenigen, die kontinuierlich an Verlosungen teilgenommen hatten (Göritz, 2005).

Weiterführende Forschung muss zeigen, in welcher Weise die subjektiven Wahrscheinlichkeiten über den Erhalt von Belohnungen oder über den Gewinn in Verlosungen das Teilnahmeverhalten bestimmen und welche Mechanismen besonders wirkungsvoll sind, damit diese Wahrscheinlichkeit der Gewissheit unmittelbarer Belohnung nahe kommt, die sich bei Querschnittsbefragungen als besonders effektiv erwiesen hat.

5 Erstellung einer Online-Umfrage

Wie lässt sich nun eine Online-Umfrage realisieren? Generell gelten bei Online-Befragungen die gleichen methodischen Anforderungen und konzeptionellen Herausforderungen wie bei Offline-Befragungen.

5.1 Vorüberlegungen zur Befragung

Es sollte im Vorfeld überlegt werden, welche Informationen bei den Befragten einzuholen sind und welche Entscheidungen dadurch unterstützt werden sollen. Welches Ziel hat die Befragung? Warum wird die Befragung durchgeführt? Wer sind die Adressaten der Befragung? Wozu dienen die Ergebnisse?

Im Vorfeld einer Befragung gilt es, eine Erkenntnisabsicht zu entwickeln. Die Entwicklung einer Erkenntnisabsicht kann man mit dem Aufstellen von Hypothesen vergleichen. Damit sind nicht Hypothesen im Sinne von Gesetzesaussagen gemeint, sondern Vermutungen über empirische Gegebenheiten und Verursachungszusammenhänge. Dabei sollte man nicht nach dem fragen, was schon bekannt ist, sondern danach, was bisher unklar ist.

Gleichfalls sollte man sich vorab über den Auswertungsbedarf Gedanken machen und überlegen, welche Schlussfolgerungen man aus welchen empirischen Befunden ziehen würde. Die wichtigsten Erkenntnisse ergeben sich in der Regel daraus, dass Erwartungen, die vor Beginn der Befragung bestanden, durch die Ergebnisse der Befragung widerlegt oder enttäuscht wurden. Vor der Befragung sollte überlegt werden, was unbekannt ist und von welcher Aufklärung man sich den größten Erkenntniszuwachs im Sinne von Erhöhung der Handlungsmöglichkeiten erwartet.

5.2 Konzeption eines Fragebogens und Tipps zur Formulierung

Die wichtigste Aufgabe bei einer Befragung ist die Konstruktion eines geeigneten Fragebogens. Diese Aufgabe sollte nicht unterschätzt werden. Die Formulierung von Fragen entspricht einer eigenen Kunstform, auf deren Erlernen in Forschungsinstituten viel Zeit verwendet wird. Wer noch nicht viel Erfahrung mit der Gestaltung von Fragebögen hat, sollte sich zunächst einmal einige Beispiele von guten Fragebögen besorgen. Es empfiehlt sich darüber hinaus Vorlagen für das Thema der eigenen Befragung zu suchen. Im Internet finden sich inzwischen viele Beispiele für taugliche Fragebögen.

Selten jedoch passen vorgefundene Fragebögen hundertprozentig auf das eigene Vorhaben. Bei der Formulierung der eigenen Fragen sollte man sich an den Vorbildern orientieren. Fragen, die für die eigene Untersuchung einsetzbar sind, sollte man übernehmen und in den eigenen Fragebogen einbauen. Dies gilt umso mehr, wenn für solche Fragen Vergleichsdaten vorliegen.

Müssen Fragen neu entwickelt werden, ist die Beschäftigung mit der Kunst, Fragebögen zu entwickeln, unumgänglich. Folgende Informationen können dabei hilfreich sein.

5.2.1 Fragearten

Zunächst muss eine Entscheidung darüber getroffen werden, welche Informationen durch eine Frage gewonnen werden sollen. Es kann unterschieden werden zwischen verschiedenen Fragearten:

- Einstellungs- bzw. Meinungsfragen

In Einstellungsfragen wird überprüft, wie negativ oder positiv bestimmte Statements von den Befragten beurteilt werden. Die Fragen verlangen nach einem Werturteil. Typische Sprachwendungen sind hier etwa „lehne ab / stimme zu", „gut / schlecht", „sollte / sollte nicht", „erwünscht / unerwünscht". Beispiel: Fänden Sie es gut, wenn die SPD den nächsten Bundeskanzler stellt?

- Überzeugungsfragen

Überzeugungsfragen fokussieren auf die Wahrnehmung und Einschätzung vergangener, gegenwärtiger oder zukünftiger Realität. Insbesondere die Beurteilung, ob eine Aussage für wahr oder falsch gehalten wird, drückt die Überzeugungen der Befragten aus. Beispiel: Was glauben Sie persönlich: Wer wird die nächste Bundestagswahl gewinnen?

- Verhaltensfragen

Verhaltensfragen richten sich auf die Erfassung des „eigenen" berichteten Verhaltens der Befragten. Im Grunde sind sie als spezielle Form von Überzeugungsfragen zu verstehen, da sie sich auf Überzeugungen hinsichtlich des eigenen Verhaltens in der Vergangenheit oder Zukunft beziehen. Beispiel: Bei der Bundestagswahl im September 2009 haben viele Personen nicht an der Wahl teilgenommen. Wie war es bei Ihnen: Haben Sie an der Wahl teilgenommen oder nicht?

- Eigenschaftsfragen

Bei diesem Fragetyp werden demographische und personale Eigenschaften der Befragten erfasst (z. B. Alter, Bildung, Ausbildung, Einkommen). Beispiel: Welchen Familienstand haben Sie?

5.2.2 Antwortvorgaben

Grundsätzlich gibt es den strukturellen Unterschied zwischen offenen und geschlossenen Fragen. Bei offenen Fragen werden keine Antwortvorgaben gegeben, so dass die Befragten in freier Formulierung ihre Antwort geben können. Geschlossene Fragen besitzen eine begrenzte Anzahl von Antwortvorgaben. Handelt es sich um Kategorien, die eine Rangordnung bilden, so sind folgende Kategorien üblich:

- Häufigkeiten: nie / selten / gelegentlich / oft / immer
- Intensität: sehr / ziemlich / mittelmäßig / wenig / nicht
- Bewertungen: stimmt nicht / stimmt wenig / stimmt mittelmäßig / stimmt ziemlich / stimmt sehr
- Wahrscheinlichkeiten: keinesfalls / wahrscheinlich nicht / vielleicht / ziemlich wahrscheinlich / ganz sicher

Geschlossene Fragen besitzen gegenüber offenen Fragen den Vorteil, dass der Aufwand bei der Auswertung der Daten um ein Vielfaches geringer ist, weil die Eingaben aus offenen Fragen im Nachhinein kategorisiert werden müssen. Darüber hinaus werden bei geschlossenen Fragen die Verzerrungen, die durch unterschiedliche Artikulationsfähigkeiten der Befragten entstehen können, reduziert. In vielen Befragungen sind auch Hybridfragen zu finden. Sie stellen eine Kombination aus offener und geschlossener Struktur dar und ermöglichen es dem Befragten, über die festgelegten Antwortoptionen hinaus eigene Angaben zu machen.

5.2.3 Frageformulierungen

- Fragen sollten möglichst kurz sein.
- Die Formulierungen sollten einfach sein und sich an der Alltagssprache orientieren. Zu vermeiden sind ungebräuchliche Fachausdrücke, Fremdwörter und Abkürzungen.
- Suggestivfragen sollten vermieden werden, weil dem Befragten durch die Formulierung bereits eine bestimmte Antwortvorgabe nahegelegt wird.
- Es sollte möglichst konkret und eindeutig formuliert werden. Die Antworten auf Fragen, die sich auf konkrete Situationen beziehen, sind meist zuverlässiger als allgemein formulierte Fragen.
- Fragen, die sich auf einen Sachverhalt beziehen, der dem Befragten wahrscheinlich nicht bekannt ist, sollten mit einer Erklärung oder einem Beispiel eingeführt werden.

- Wenn es erforderlich ist, den Befragten für die Frage in eine bestimmte Situation zu versetzten, sollten zwingend Zeit, Ort und Zusammenhang angegeben werden. Z. B. sollte nicht formuliert werden „Als Sie jung waren ...", sondern konkreter „Als Sie zur Grundschule gingen...".
- Fragen sollten neutral in ihrer Formulierung sein. Durch Vorurteile belastete Begriffe wie etwa „Boss" oder „Bürokrat" sollten nicht verwendet werden.
- Hypothetische Formulierungen sind zu vermeiden. Ein unzulässiges Beispiel wäre z. B.: „Angenommen Sie verlieben sich in einen anderen Mann, würden Sie sich von Ihrem jetzigen Partner trennen oder nicht?".
- Mehrdimensionalität innerhalb der Fragen sollte verhindert werden; z. B. "Fahren Sie nur am Wochenende mit dem Fahrrad oder benutzen Sie es auch unter der Woche?" sollte in zwei Fragen unterteilt werden, in denen jeder Sachverhalt einzeln abgefragt wird.
- Fragen sollten keine doppelten Negationen beinhalten (z. B. Ist es nicht richtig, dass Sie nicht an der Landtagswahl teilgenommen haben?).
- Fragen sollten keine langen und komplizierten Überlegungen oder Berechnungen beim Befragten auslösen. Die Frage „Wieviel Prozent Ihrer Freizeit verbringen Sie mit dem Lesen von Büchern?" setzt voraus, dass umständliche Prozentberechnungen durchgeführt werden. Besser wäre es, getrennt nach der Freizeit und der Zeit, die mit Lesen verbracht wird, zu fragen.
- Fragen sollten sowohl die positiven als auch die negativen Antwortoptionen einbeziehen, um hinsichtlich der impliziten Bewertung ein ausgeglichenes Verhältnis zu schaffen. Die Frage „Sollte 16-19-jährigen Personen der Genuss von Alkohol untersagt werden?" müsste wie folgt verändert werden: „Sollte 16-19-jährigen

Personen der Konsum von Alkohol verboten sein oder sollte er erlaubt sein?".

- Fragen sollten bei den Antwortoptionen eine gesonderte „Weiß-nicht"-Kategorie aufweisen. „Non-Attitude"-Angaben können wichtige interpretierbare Daten liefern. Fehlt diese Kategorie, ist davon auszugehen, dass teilweise erzwungene Fehleingaben gemacht werden. Besonders vorteilhaft ist eine Filterung.
- In Fragen zu heiklen bzw. sensiblen Themen (z. B.: Einkommensverhältnisse, Sexualität, Kriminalität) sollten abgemilderte Ausdrücke verwendet werden (z. B.: 'Die meisten Menschen...'; 'Wann haben Sie das letzte Mal...'; nicht 'Lügen', sondern 'nicht immer die Wahrheit sagen'). Es sollten zuerst positive, dann negative Bewertungen vorgenommen werden. Entscheidend ist, dass dem Befragten nicht das Gefühl gegeben wird, dass bestimmte Antworten einen Prestigeverlust bedeuten.

5.2.4 Fragebogenaufbau

Für eine gute Befragung ist es nicht nur wichtig, auf die Einhaltung der oben erläuterten Formulierungsregeln für die Fragen zu achten. Ein Fragebogen sollte als ein Gesamtkonzept betrachtet werden, in dem die Reihenfolge und die Struktur der Fragen wichtige Einflussfaktoren zur Erlangung korrekter Daten sind. Vor allem Online-Fragebögen sollten aufgrund des fehlenden Interviewers so konstruiert werden, dass sie den Befragten in eine interessante und konzentrierte Kommunikations-Situation versetzen.

- Die Einleitungsfragen haben eine besonders große Bedeutung innerhalb des gesamten Fragebogens. Die Motivation und das Engagement zur Beantwortung des Fragebogens wird mit diesen Fragen erzeugt. Sie sollten inhaltlich in das „Thema" des Fragebogens einführen und Interesse wecken. Es sollten dabei Fragen verwendet werden, die von allen Befragten auch wirklich inhaltlich beantwortet werden können. „Weiß-nicht"- oder „Keine Angabe"-Antworten erzeugen tendenziell das Gefühl, dass der gesamte Fragebogen für den Probanden inhaltlich nicht interessant ist. Bestehende Befürchtungen der Befragten, ob sie die Befragung überhaupt durchführen können, sollten ebenfalls gleich zu Beginn der Befragung abgebaut werden. Ferner sollten keine personalen und demographischen Eigenschaftsfragen am Anfang der Befragung stehen.

- Zur empirischen Überprüfung der Homogenität eines theoretischen Konstrukts bzw. der Minimierung der Fehlerhaftigkeit einzelner Indikatoren sollten nach dem Konzept der multiplen Indikatoren mehrere Fragen zu einem Themengebiet (Fragebatterien) gestellt werden.
- Der Fragebogen sollte insgesamt in deutlich voneinander getrennte Themengebiete aufgeteilt werden. Fragen zu ein und demselben Inhaltsbereich, die verstreut an unterschiedlichen Stellen des Fragebogens erscheinen, stiften kognitive Verwirrung. Hinsichtlich der Anordnung der Reihenfolge der Themengebiete sollte auf mögliche inhaltliche Ausstrahlungseffekte geachtet werden. Es muss berücksichtigt werden, dass Befragte einen Sinnkontext zwischen den Fragen konstruieren und bemüht sind, konsistente Angaben zu machen. Die Art der Beantwortung von Fragen zur sportlichen Leistungsfähigkeit dürfte beispielsweise erheblich davon abhängen, ob zuvor nach sportlichen Vorbildern oder persönlichen Erkrankungen gefragt wurde.
- Die einzelnen Themengebiete innerhalb des Fragebogens sollten mit Überleitungsfragen beginnen.
- Der Fragebogen sollte in jedem Fall eine übersichtliche Filterführung aufweisen. Fehlende Filter zwingen die Befragten wiederholt zur Angabe von „Trifft-nicht-zu"-Antworten bei Fragen, die

nicht für sie bestimmt sind. Dieser Umstand gefährdet erheblich das Aufrechterhalten des Interesses und der Konzentration an der Befragung.

- Fragen zu sensiblen Inhalten sollten an das Ende der Befragung oder zumindest an das Ende eines Themenbereichs (Fragebatterie) gestellt werden. Auf diese Weise wird verhindert, dass es vorzeitig zum Abbruch der gesamten Befragung kommt.

5.3 Kommunikationskonzept

Wenn der Fragebogen entwickelt ist, sollte man sich Gedanken um das Kommunikationskonzept machen und überlegen, wie man auf den Fragebogen hinweist, wie die Teilnehmer auf der Startseite angesprochen werden und welche Art der Fehlerkommunikation bereitgestellt werden soll. Ebenso sollte man sich vorab Gedanken darüber machen, ob und wenn ja in welcher Form eine Ergebnisrückmeldung geplant ist. Schließlich sollte man darüber nachdenken, wie man den Nutzen einer Teilnahme an mögliche Befragungsteilnehmer kommunizieren kann.

Weil eine Umfrage im Optimalfall wie ein Dialog inszeniert werden soll, empfiehlt sich am Anfang der Befragung eine Begrüßungsseite zu platzieren, die analog zu einem herkömmlichen Dialog als Möglichkeit zum Kennenlernen und als thematischer Einstieg dient. An dieser Stelle wird die Anmutung des gesamten Online-Interviews präsentiert. Verglichen mit einem Buch oder einer Broschüre stellt diese Seite das Cover dar. Im Anschluss an die Befragung sollte eine „Danke schön"-Seite implementiert werden als weicher Abschied, Incentivierung oder Bereitschaftssteigerung zur Teilnahme an weiteren Umfragen. Hierbei ist eine persönliche Note in der Textgestaltung hilfreich.

5.4 Auswahl von Teilnehmern

Bei der Rekrutierung wird zwischen der aktiven und passiven Auswahl unterschieden. Bei der aktiven Auswahl existiert meist eine Adress- oder Mailingliste, beispielsweise bei Mitarbeiterbefragungen, anhand derer die Teilnehmer per E-Mail eingeladen werden können. Dies hat den Vorteil, dass zur Erhöhung des Rücklaufs Erinnerungsmails versendet werden können. Eine weitere Möglichkeit der aktiven Rekrutierung besteht in der Nutzung eines Online-Access-Panels. Vorteile bestehen u.a. darin, dass schnell auf die Teilnehmer zugegriffen werden kann und zudem mit Hilfe von Stammdaten der Panelisten spezifische Zielgruppen gebildet werden können.

Eine dritte Möglichkeit, Teilnehmer aktiv zu rekrutieren, besteht in einer Art Schneeball-System: Hierbei wird die Zielgruppe, soweit bekannt, angeschrieben und gebeten, den Link zur Befragung weiterzuleiten. Bei der passiven Auswahl wird lediglich der Link zur Befragung auf einer Website oder in einem Forum veröffentlicht. Weitere Möglichkeiten, den Link publik zu machen, wären beispielsweise Newsgroups oder QR-Codes. Da bei der passiven Rekrutierung die Entscheidung zur Teilnahme beim Probanden liegt und damit meist gar keine E-Mail-Adresse vorliegt, ist es nicht möglich, eine Erinnerungsmail zu senden.

5.5 Feldkontrolle

Nach Start der Umfrage muss das sogenannte Feld kontrolliert werden. Als Verantwortlicher für eine Umfrage vergewissert man sich, dass die vorgesehenen Teilnehmer auch auf die Umfrage zugreifen und die Umfrage wie vorgesehen ausfüllen können. Es empfiehlt sich, nach den ersten dreißig Teilnahmen eine erste überblicksartige Auswertung der Befragung vorzunehmen. Hierbei besteht die Möglichkeit, eventuelle Fehler festzustellen und zu korrigieren. Wenn gravierende Probleme festgestellt werden, sollte das Feld noch einmal angehalten und der Fragebogen verbessert werden. Dies ist in der Regel besser, als letztlich schlechte Daten auszuwerten und falsche Schlussfolgerungen zu riskieren.

5.6 Auswertung

Nach Ende der Befragung verschafft man sich üblicherweise einen Überblick über die Ergebnisse der Befragung. Mit Hilfe eines Topline-Berichts informiert man sich über die Antworten der Befragten. Eine solche deskriptive Auswertung wird in einer ersten Verfeinerung für bestimmte Untergruppen gefiltert. Dort, wo Abhängigkeiten vermutet werden, erstellt man zwei- oder dreidimensionale Kreuztabellen. Bei einfachen Befragungen sind damit häufig schon die wichtigsten Befunde auffindbar. Für tiefer gehende Analysen werden die Ergebnisdaten mit Hilfe spezieller Statistik-Programme aufgeschlossen.

5.7 Passende Technik

Spezielle Befragungssoftware steht im Internet zur Verfügung und hilft auch Umfragelaien dabei, qualitativ gute Befragungen zu realisieren. Die Software sollte im Idealfall keine technischen Kenntnisse für die Erstellung und Durchführung der Befragung voraussetzen. Die Technik selbst sollte keine Beschränkung für den Inhalt der Umfrage mit sich bringen. Die Software sollte ausgereift und leicht bedienbar sein. Im Zeitalter von SaaS-Systemen sollte keine Installation notwendig, sondern die Bedienung sollte per Browser möglich sein.

Einen Überblick über verfügbare Softwareangebote bietet die GESIS[32]. Für das Praxisbeispiel in diesem Buch bedienen wir uns der Software EFS Survey von Globalpark, dem Marktführer im deutschsprachigen Raum.

---

[32] vgl.: www.gesis.org/dienstleistungen/methoden/beratungen/datenerhebung/online-umfragen/software-fuer-online-befragungen.

6 Praxisbeispiel: Website-Check-Befragung

An einem Praxisbeispiel soll im Folgenden demonstriert werden, wie einfach eine Online-Umfrage erstellt werden kann. Als Beispiel haben wir einen Website-Test gewählt. Das Tool, das wir nutzen, ist EFS Survey, das seit dem Jahr 2000 existiert. Mit diesem Tool wurden bereits über 100 Mio. Umfragen durchgeführt. EFS Survey wird für Hochschulen als Unipark angeboten. Unipark ist ein Programm für akademische Forschungen, welches die Enterprise Feedback Suite (EFS) - eine Webapplikation zur Durchführung von internetbasierten Befragungen - zur Verfügung stellt. Webapplikationen haben den Vorteil, dass sie mit jedem handelsüblichen Browser bedient werden können, ohne dass der Nutzer zusätzlich Software auf seinem Rechner installieren muss. Eine Softwarelösung erleichtert die Planung, Durchführung und Auswertung von Fragebögen. Das Praxisbeispiel „Website-Check-Befragung“ wird am Beispiel der Online-Befragungs-Software EFS Survey umgesetzt.

Internetseiten sind dann zweckmäßig, wenn sie die Erwartungen der Nutzer hinsichtlich Bedienbarkeit und verständlicher Navigation erfüllen. Ob eine Internetseite tauglich ist, kann durch eine Befragung der Nutzer herausgefunden werden. Um eine Internetseite zu bewerten, kann ein Website-Check durchgeführt werden. In diesem wird geprüft, wie die Website insgesamt von den Nutzern wahrgenommen wird, wo die Stärken und Schwächen liegen.

6.1 Erste Schritte in EFS Survey

Bevor mit der Erstellung der Website-Check-Befragung begonnen wird, ist es sinnvoll, sich in EFS Survey zu orientieren. Der allgemeine Bildschirmaufbau ist in vier Bereiche unterteilt:

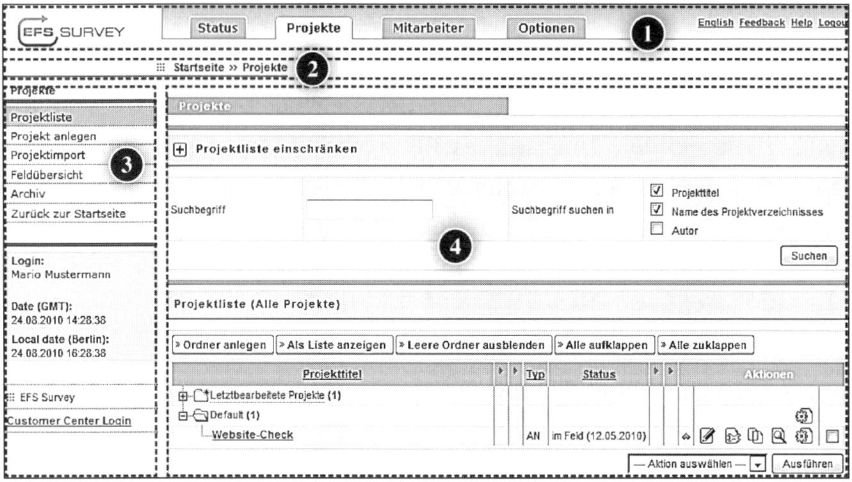

Abbildung 6: Bildschirmaufbau in EFS Survey

1. Navigationsleiste mit Modulen
2. Breadcrumb
3. Menü des aktuellen Moduls
4. Inhaltsbereich

1. Navigationsleiste mit Modulen

Die Navigationsleiste im oberen Bereich des Bildschirms, die während der Arbeit konstant präsent bleibt, enthält:

- Links zu den verschiedenen Modulen von EFS Survey
- Links um die Sprache zu wechseln, Feedback-Formular und Online-Hilfe aufzurufen oder sich auszuloggen

Das folgende Schema zeigt, welche Funktionen die vier Module von EFS Survey beinhalten.

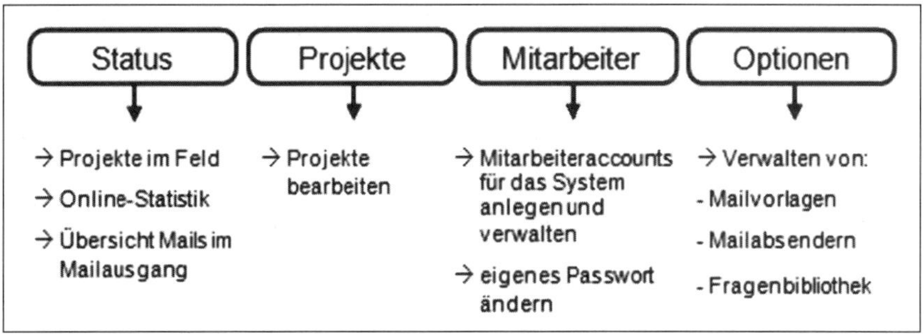

Abbildung 7: Die Funktionen der vier Module von EFS Survey

2. Breadcrumb

Der Breadcrumb-Pfad erleichtert die Orientierung und Navigation. Es ist jederzeit erkennbar, auf welcher Ebene des Menüs man sich gerade befindet. Mit Klick auf eine andere Breadcrumb-Ebene kann leicht von einer Menüebene zur nächsten gewechselt werden.

3. Menü eines Moduls

Zum Navigieren innerhalb eines Moduls dient das Menü auf der linken Seite des Bildschirms. Bei Anklicken eines Menüpunkts gelangt man in das dazugehörige Untermenü.

4. Inhaltsbereich

Die eigentliche Arbeit findet im zentralen Inhaltsbereich in der Mitte des Bildschirms statt. Durch Anwahl von Registerkarten kann zwischen verschiedenen Unterthemen hin- und hergewechselt werden, mit Hilfe von Dialogen, Icons, Popup-Fenstern oder Links können Aktionen ausgelöst und Eingaben getätigt werden.

6.2 Umsetzung der Befragung

Um das neue Projekt anzulegen, öffnen Sie das Modul **Projekte**. Klicken Sie auf den Menüpunkt **Projekt anlegen**. Geben Sie die erforderlichen

Daten ein und bestätigen Sie mit **Anlegen**. Anschließend erscheint Ihr erstes Projekt in der Projektliste.

Wenn Sie den Titel des Projekts „Website-Check-Befragung" anklicken, wird das **Umfragemenü** geöffnet. Von diesem Menü aus können alle wesentlichen Menüs angesteuert werden. Im Menü **Fragebogen-Editor** wird der Fragebogen erstellt.

Der Fragebogen-Editor von EFS Survey ist nach folgendem Schema aufgebaut:

- Ebene 1: Die Gliederungsansicht
- Ebene 2: Die Seitenansicht
- Ebene 3: Die Fragenansicht

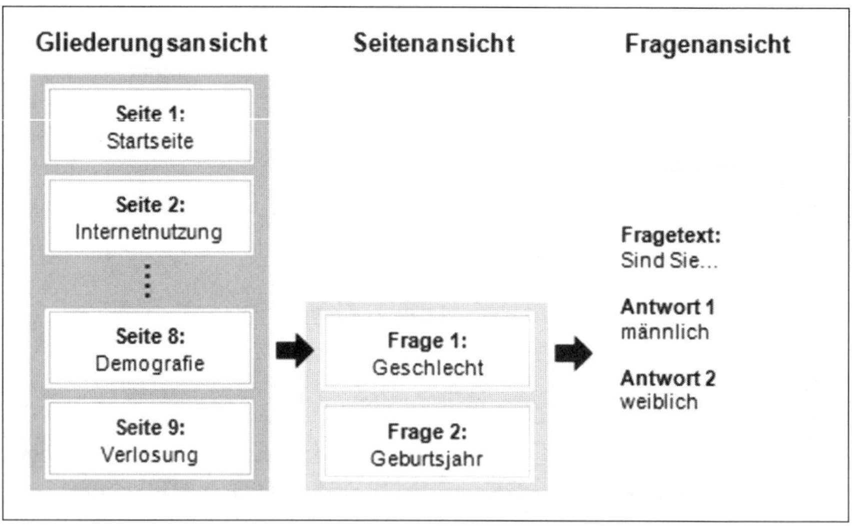

Abbildung 8:Die drei Gliederungsebenen in EFS Survey

1. Über den Menüpunkt **Fragebogen-Editor** wird zuerst Ebene 1, die *Gliederungsansicht*, geöffnet. Diese zeigt eine Liste der einzelnen Seiten des Fragebogens.

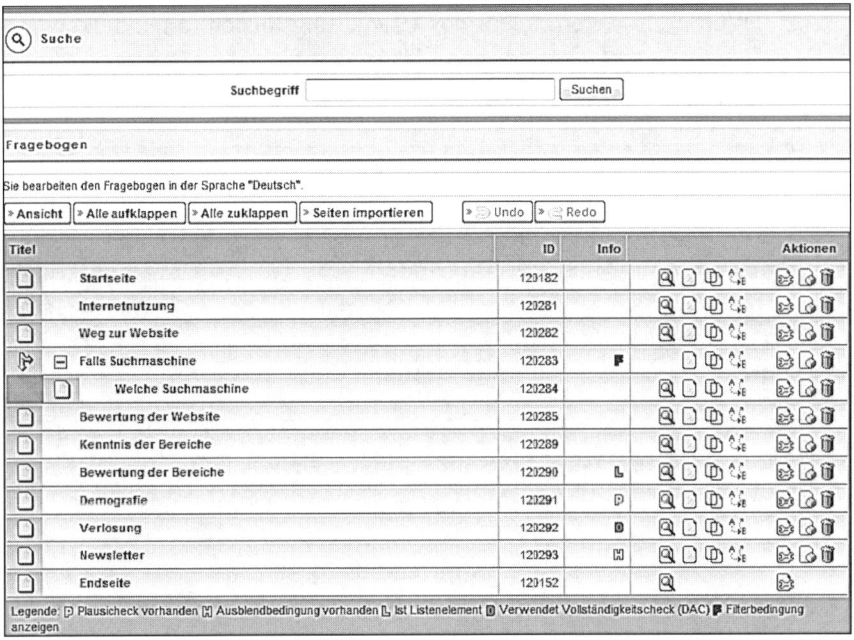

Abbildung 9: Die Gliederungsansicht

2. Wenn ein Seitentitel in der Gliederungsansicht angeklickt wird, erscheint Ebene 2, die *Seitenansicht*. Diese zeigt die Fragen einer einzelnen Fragebogenseite.

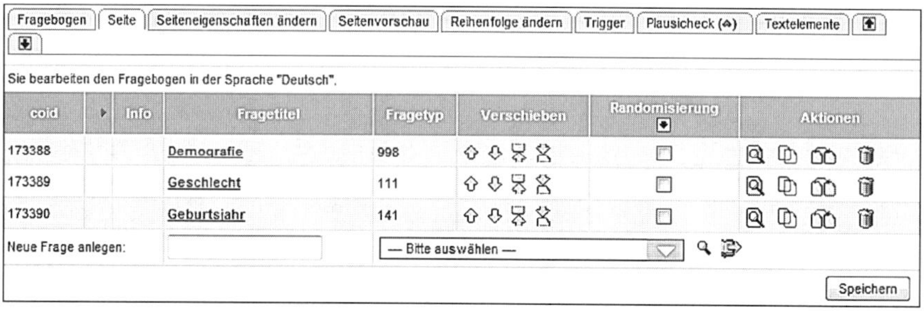

Abbildung 10: Die Seitenansicht

3. Bei Klick auf einen Fragentitel wird Ebene 3 angezeigt, die *Fragenansicht*. Diese zeigt die für eine bestimmte Frage eingegebenen Textelemente und weitere fragenspezifische Einstellungen.

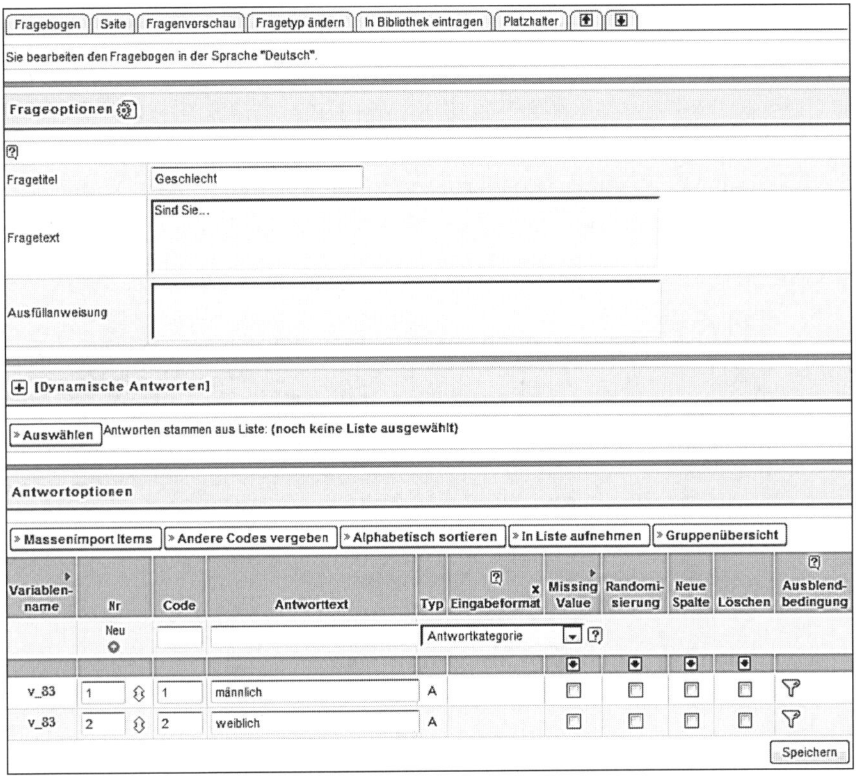

Abbildung 11: Die Fragenansicht

Nach dem Anlegen des Projekts kann die eigentliche Umsetzung des Fragebogens in EFS Survey beginnen. Nachfolgend wird die Erstellung des Fragebogens „Website-Check-Befragung" Schritt für Schritt erklärt. Zuerst erfolgt jeweils eine allgemeine Erklärung und dann die praktische Umsetzung.

6.2.1 Die Startseite der Befragung

Auf der ersten Fragebogenseite informiert eine kurze und verständliche Einleitung die Teilnehmer über die zentralen Aspekte der Befragung. Die Einleitung sollte auf jeden Fall über das Thema der Befragung, den Verantwortlichen bzw. die zuständige Institution sowie die Dauer der Befragung informieren. Zusätzlich ist ein Hinweis auf den Datenschutz sinnvoll. Erfolgt eine Incentivierung in Form einer Verlosung oder soll den Teilnehmern eine Ergebnisübersicht zur Verfügung gestellt werden, kann an dieser Stelle ebenfalls darauf hingewiesen werden.

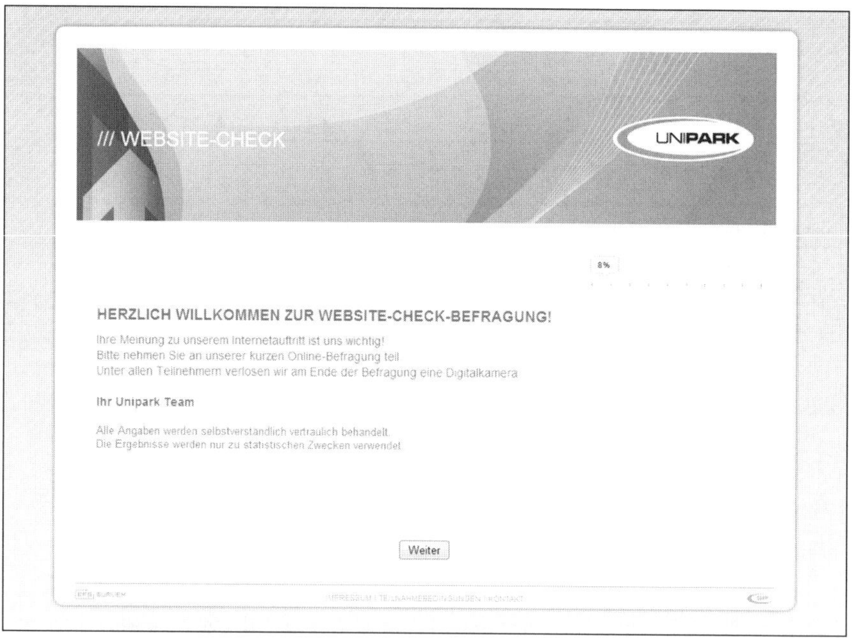

Abbildung 12: Die Startseite der Befragung

Umsetzung in EFS Survey:

1. Klicken Sie im **Umfragemenü** den Menüpunkt **Fragebogen-Editor** an. Sie gelangen auf die erste Ebene des Fragebogen-

Editors, die *Gliederungsansicht*. Um die erste Fragebogenseite zu erstellen, klicken Sie auf das Icon oder die Registerkarte **Neue Seite oder Filter anlegen**.

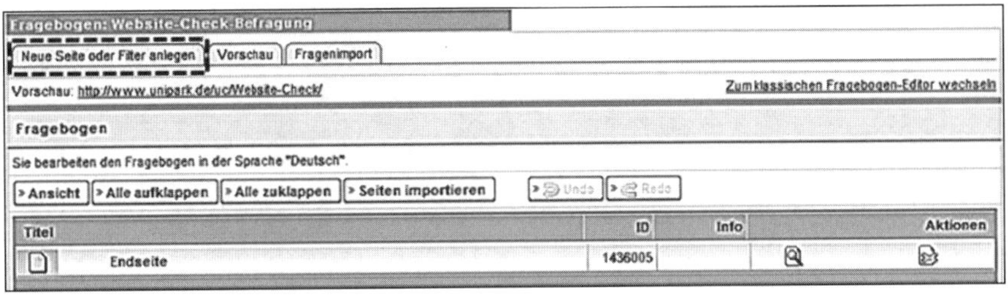

Abbildung 13: Neue Seite oder Filter anlegen

2. Für die Startseite der Befragung muss der Seitentyp „Standard“ ausgewählt werden. Auf Standard-Seiten können eine oder mehrere Fragen erstellt werden. Bestätigen Sie die Angaben mit **Anlegen**, um die Seite endgültig anzulegen.

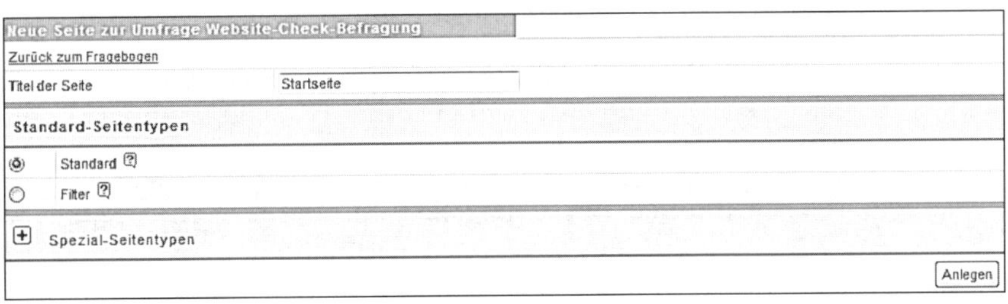

Abbildung 14: Seitentyp festlegen

3. Klicken Sie den Titel der Seite an: Sie gelangen auf die zweite Ebene des Fragenbogen-Editors, die *Seitenansicht*.
4. Nun muss der passende Fragetyp gewählt werden. Wenn Sie das Icon **Detailanzeige Fragetypen** (Lupe-Icon) anklicken, wird eine Liste eingeblendet, auf der alle Fragetypen schematisch dargestellt werden. Alternativ können Sie den Fragetyp

auch direkt über die Drop-Down-Liste links daneben auswählen.

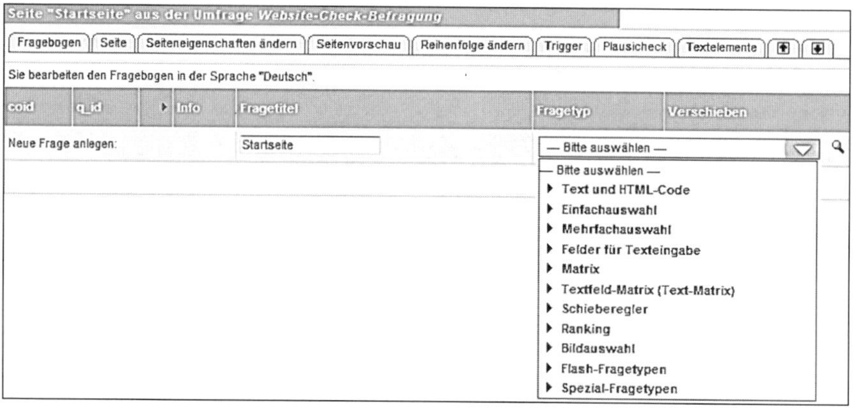

Abbildung 15: Fragetyp auswählen

5. Verwenden Sie für den Begrüßungstext den Fragetyp *Text und HTML-Code* (998). Bestätigen Sie anschließend die Auswahl mit **Anlegen**.
6. Es erscheint die dritte Ebene des Fragebogen-Editors, die *Fragenansicht*, mit der Eingabemaske für die Texteingabe. Geben Sie den Begrüßungstext ein und sichern Sie ihn mit einem Klick auf **Speichern**.

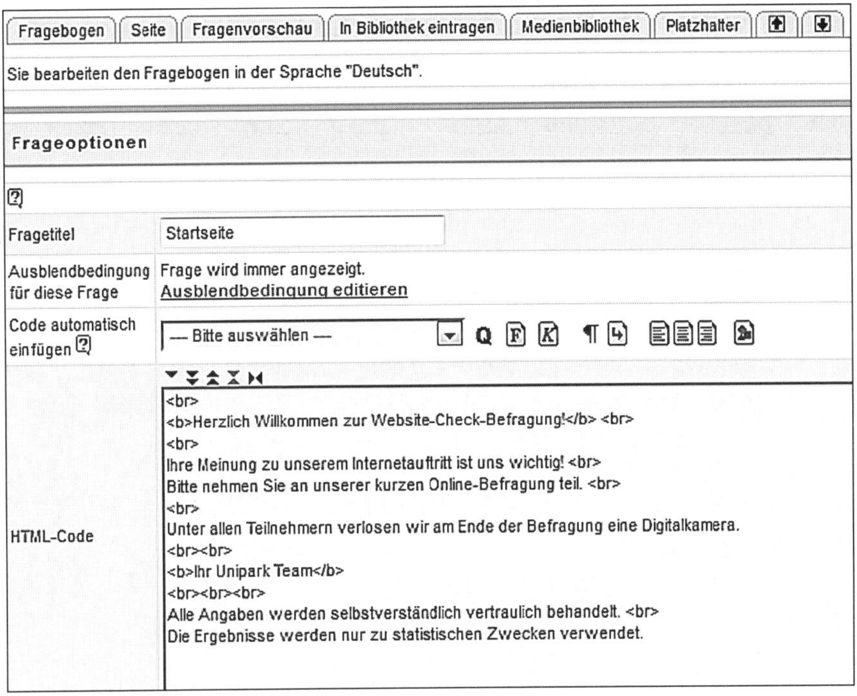

Abbildung 16: Fragetyp Text und HTML-Code

7. Klicken Sie anschließend die Registerkarte **Fragenvorschau** an. Es wird ein zusätzliches Fenster geöffnet, in dem Sie die fertige Frage sehen können.

6.2.2 Seite 2: Häufigkeit der Internetnutzung

Nach der Startseite, auf der die Teilnehmer begrüßt und über die zentralen Aspekte der Befragung informiert wurden, soll nun die Häufigkeit der Internetnutzung abgefragt werden.

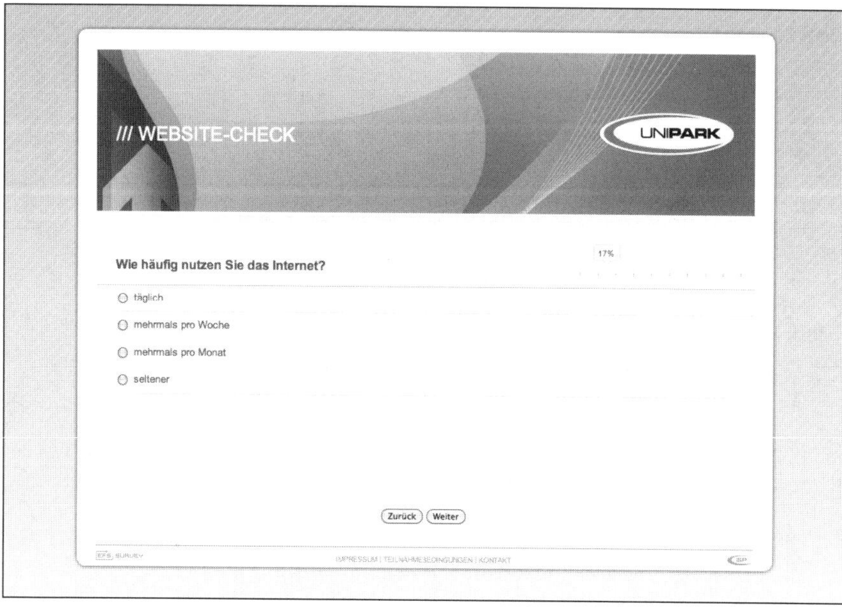

Abbildung 17: Häufigkeit der Internetnutzung (Einfachauswahl)

Umsetzung in EFS Survey:

1. Erstellen Sie zuerst eine weitere Standard-Seite in der *Gliederungsansicht*.
2. Legen Sie auf dieser Seite eine Frage vom Typ *Einfachauswahl untereinander* (Fragetyp 111) an. Bei diesem Fragetyp muss sich der Proband für eine der Antwortmöglichkeiten entscheiden. Die Auswahl des Fragetyps wird erneut mit **Speichern** bestätigt.

3. Daraufhin erscheint die *Fragenansicht*. Geben Sie den Fragetext und die Antwortkategorien ein. Aktivieren Sie bei der überzähligen fünften Antwortkategorie die Checkbox „Löschen“. **Speichern** Sie dann die Eingaben ab.

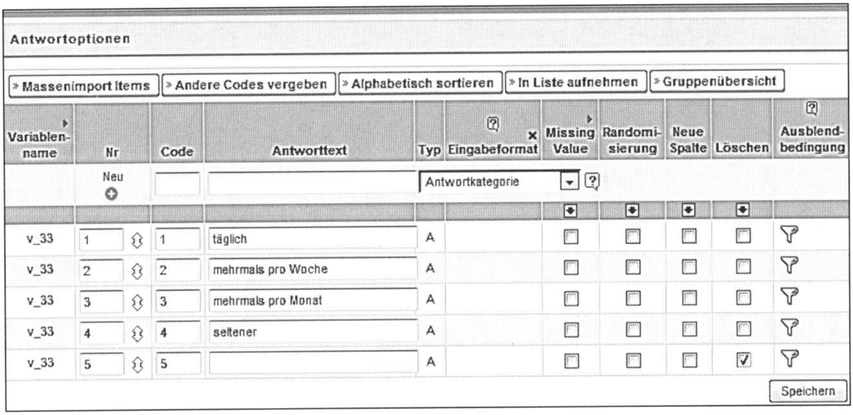

Abbildung 18: Antwortoptionen löschen

6.2.3 Seite 3: Aufmerksamkeit für Website (Mehrfachantwort)

In der folgenden Frage soll der Proband auswählen, wie er auf die Website aufmerksam geworden ist. Da der Proband durch verschiedene Kanäle von der Website erfahren haben kann, muss es möglich sein, mehrere Antwortoptionen auszuwählen. Um auch nicht vordefinierte Kanäle erfassen zu können, kann zudem ein offenes Eingabefeld eingefügt werden. Den Teilnehmern sollte außerdem die Option „Kann mich nicht mehr erinnern / Weiß nicht“ angeboten werden, da sie ansonsten - falls keiner der genannten Kanäle zutrifft oder sie sich nicht erinnern können - gezwungen wären, unwahre Angaben zu machen.

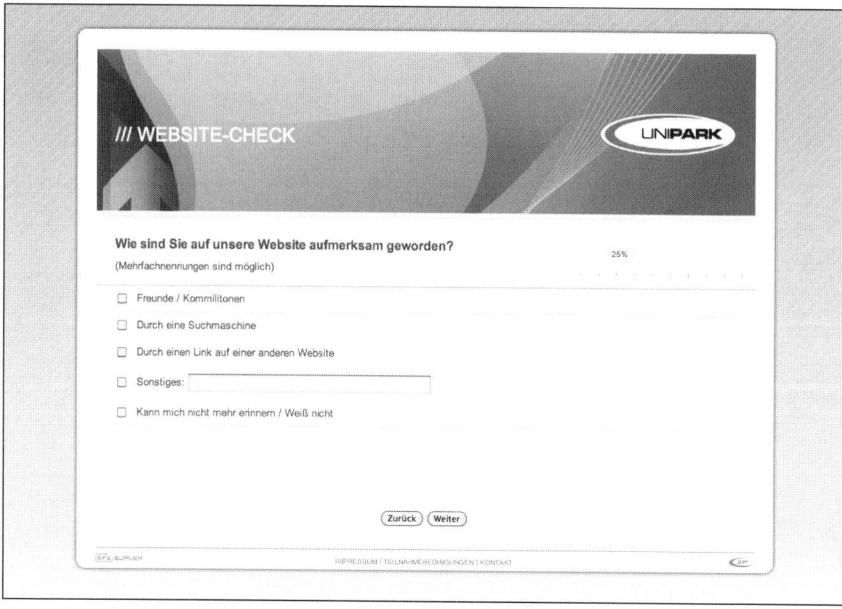

Abbildung 19: Aufmerksamkeit für Website (Mehrfachauswahl)

Umsetzung in EFS Survey:

1. Erstellen Sie eine weitere Standard-Seite und legen Sie darauf eine Frage vom Typ *Mehrfachauswahl untereinander* (121) an.
2. Geben Sie in der *Fragenansicht* den Fragetext, die Ausfüllanweisung sowie die ersten drei Optionen ein. Aktivieren Sie bei den letzten beiden überflüssigen Antwortkategorien wieder die Checkbox „Löschen“. **Speichern** Sie die Angaben ab.
3. Geben Sie für die vierte Option in der Zeile „Neu“ den Text „Sonstiges:“ ein, wählen Sie in der Drop-Down-Liste die Option „Antwortkategorie + Text“ aus und bestätigen Sie mit **Speichern**.

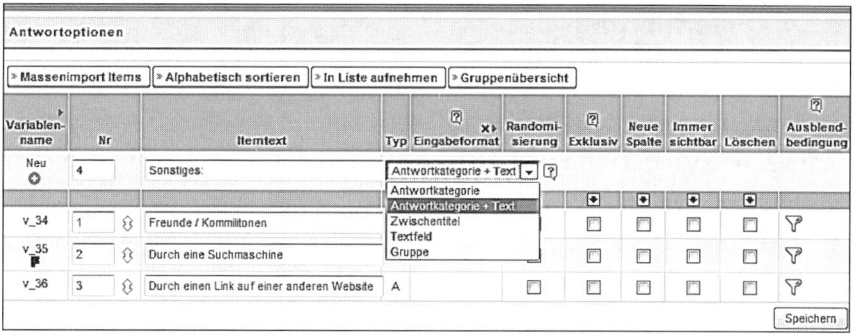

Abbildung 20: Antwortkategorie + Text anlegen

4. Für die fünfte Option „Kann mich nicht mehr erinnern / Weiß nicht“ verwenden Sie wieder den standardmäßigen Typ *„Antwortkategorie“* und bestätigen Sie mit **Speichern**.
5. Markieren Sie die Option „Kann mich nicht mehr erinnern / Weiß nicht“ als exklusive Checkbox, damit einzelne Teilnehmer nicht die Option „Kann mich nicht mehr erinnern / Weiß nicht“ und zusätzlich noch eine andere Antwortoption angeben können. Bestätigen Sie dann erneut mit **Speichern**.

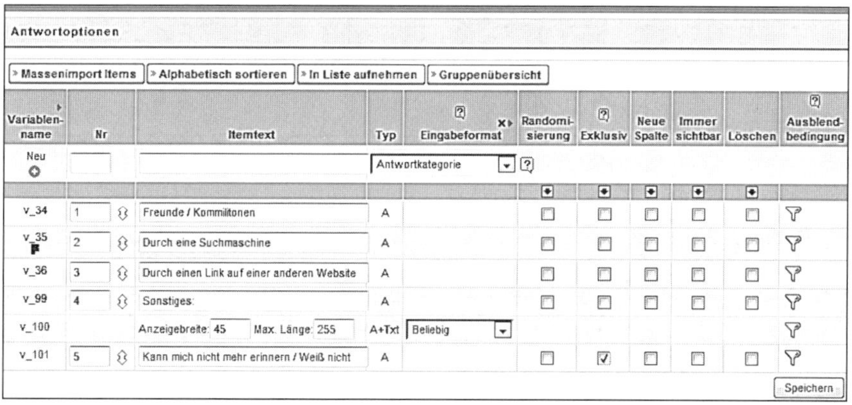

Abbildung 21: Exklusive Checkbox

6.2.4 Filterführung

Wenn ein Proband in der vorherigen Frage die Option „Durch eine Suchmaschine“ ausgewählt hat, soll nach der verwendeten Suchmaschine gefragt werden. Da für alle anderen Teilnehmer die Frage nach dem Suchmaschinenanbieter nicht relevant ist, sollen diese die Seite überspringen und direkt zur nächsten Fragebogenseite gelangen können. Würde man diese Frage allen Teilnehmern stellen, wären einige Teilnehmer zurecht irritiert. Um die Fragebogenführung dynamisch auf die Antwortenden reagieren zu lassen, werden sogenannte Filter oder Frageweichen eingeführt. Das sind logische Überprüfungen, die eine oder mehrere Bedingungen auswerten, von denen dann abhängt, welche Fragen als Nächstes angezeigt werden. In EFS Survey kann das wie eine Weiche in einem Gleissystem verstanden werden.

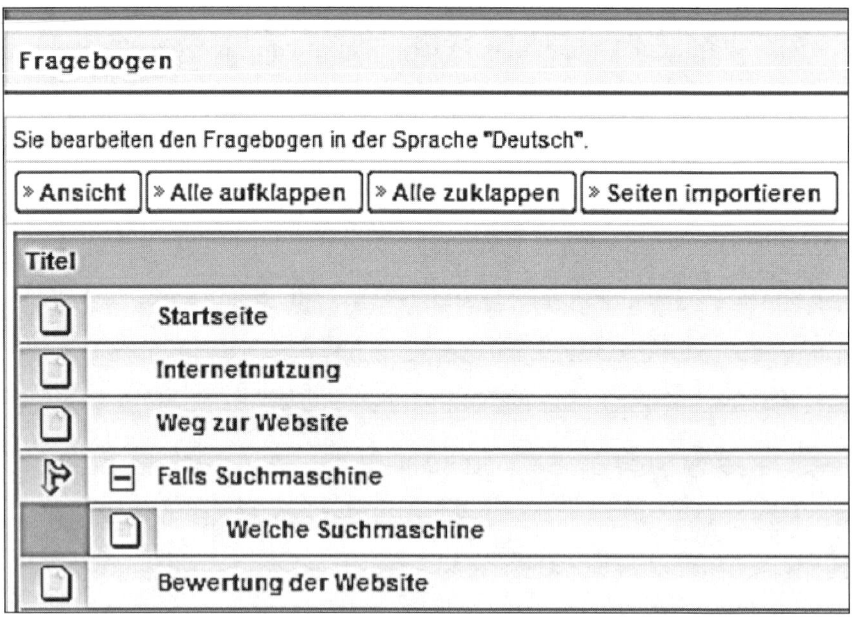

Abbildung 22: Filterführung

Obige Abbildung zeigt, dass im Fragebogen-Routing ein Filter für die Abfrage nach der Nennung der Kategorie „Suchmaschine“ eingefügt wurde. Er wurde mit dem Text „Falls Suchmaschine“ kenntlich gemacht. Die Frage „Welche Suchmaschine“ ist unterhalb des Filters angeordnet. Sie wird im Fragebogenverlauf daher nur für diejenigen Befragten angezeigt, die in der Frage „Weg zur Website“ die Antwortkategorie „Suchmaschine“ gewählt haben.

Umsetzung in EFS Survey:

1. Klicken Sie zunächst, genau wie bei der Erstellung einer neuen Standard-Fragebogenseite, die Registerkarte oder das Icon **Neue Seite oder Filter anlegen** an. Als Seitentyp wählen Sie diesmal aber „Filter“ aus.
2. Klicken Sie den Titel der neuen Seite an: Der Bedingungs-Editor von EFS wird geöffnet.
3. Zum Definieren der Bedingungen werden die Variablen und Ausprägungen des Fragebogens gebraucht. Diese können Sie unter dem Menüpunkt **Codebuch** einsehen.
4. Damit ein Filter zutrifft, müssen die Bedingungen auf den jeweiligen Probanden zutreffen. Für das Projekt „Website-Check“ bedeutet dies: In der „Variablen“-Drop-Down-Liste wählen Sie die Variable aus, die für die Antwortoption „Durch eine Suchmaschine“ steht. Des Weiteren wählen Sie als Bedingung „gleich“ und geben den Code ein, der für „genannt“ steht. Bestätigen Sie die Eingaben mit **Speichern**.

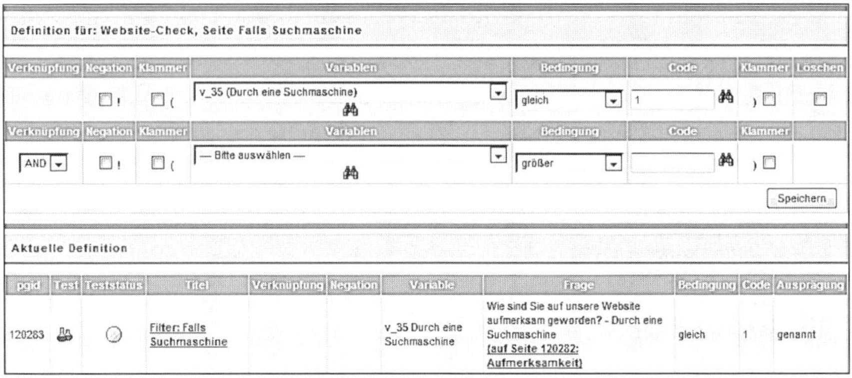

Abbildung 23: Filterbedingungen definieren

5. Über den Link **Zurück** gelangen Sie wieder zur *Gliederungsansicht* des Fragebogen-Editors.

6.2.5 Angabe der Suchmaschine

Alle Probanden, die durch eine Suchmaschine auf die Website aufmerksam geworden sind, sollen nach dem Suchmaschinenanbieter gefragt werden. Es soll nur ein Suchmaschinenanbieter ausgewählt werden dürfen. Um unklare Angaben, beispielsweise durch Rechtschreibfehler, zu vermeiden, werden die drei größten Suchmaschinenanbieter in Deutschland (Google, Yahoo und Bing) gestützt abgefragt. Zusätzlich soll der Proband durch ein „Sonstiges“-Eingabefeld die Möglichkeit erhalten, weitere Suchmaschinenanbieter zu nennen.

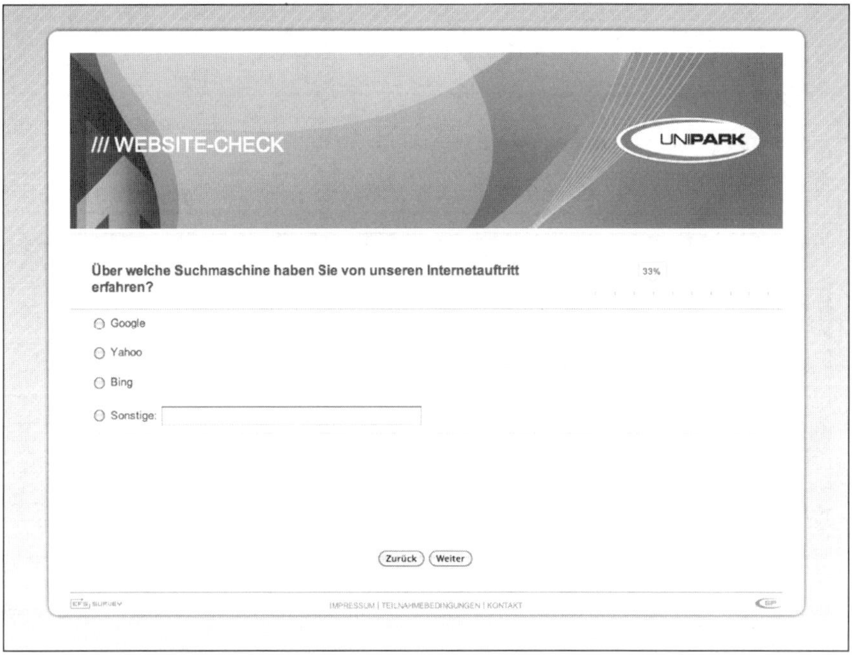

Abbildung 24: Angabe der Suchmaschine

Umsetzung in EFS Survey:

1. Legen Sie unter dem Filter eine neue Standard-Seite mit einer Frage vom Typ *Einfachauswahl untereinander* an.
2. Wichtig ist, dass die Seite unter dem Filter eingerückt ist, also eine Gliederungsebene unter dem Filter steht. Bei einer neu angelegten Filterseite kann dazu in derselben Zeile das Icon **Neue Seite oder Filter anlegen** ausgewählt werden. In diesem Fall erscheint die neue Seite nach dem Anlegen eingerückt unter dem Filter. Falls die Seite „Welche Suchmaschine“ nicht eingerückt wurde, kann sie im *Drag&Drop-Fragebogen-Editor* durch Anklicken, Verschieben und Loslassen der Maustaste verschoben werden.

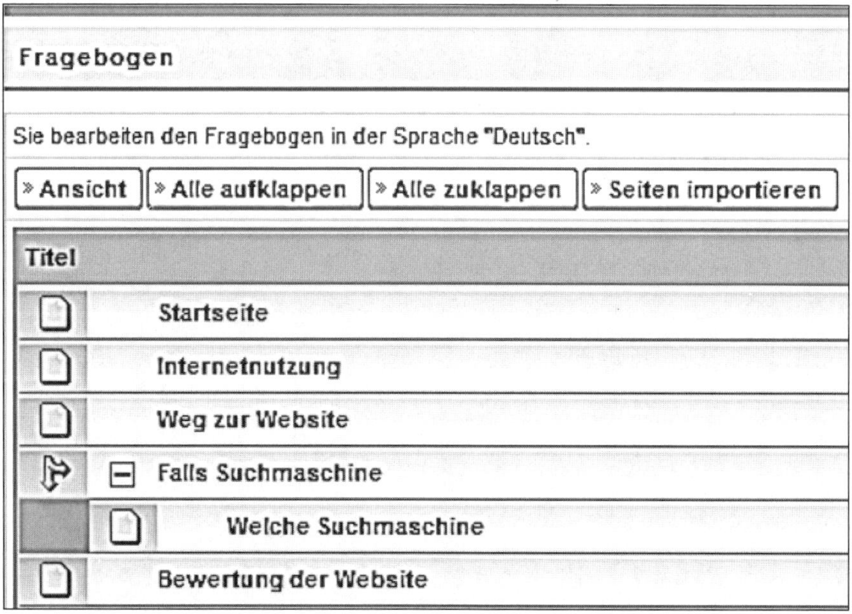

Abbildung 25: Seite einrücken

3. In der *Fragenansicht* werden nun die drei Suchmaschinenanbieter Google, Yahoo und Bing als Antwortoptionen angelegt. Für den Fall, dass ein Proband einen anderen Anbieter angeben möchte, wird eine weitere Antwortoption „Sonstige:" vom Typ „Antwortkategorie + Text" erstellt. Bestätigen Sie zuletzt mit **Speichern**.

6.2.6 Erstellung einer Matrixfrage

Auf der nächsten Fragebogenseite soll die Website anhand vorgegebener Kriterien beurteilt werden. Für die Beurteilung soll eine 5er Skala von „stimme voll und ganz zu" bis „stimme überhaupt nicht zu" verwendet werden. Damit nicht für jedes einzelne Kriterium eine separate Skala erstellt werden muss, soll eine Matrix verwendet werden. Gerade bei vielen Kriterien kann durch eine Matrix Platz gespart und damit unnötiges Scrollen verhindert werden.

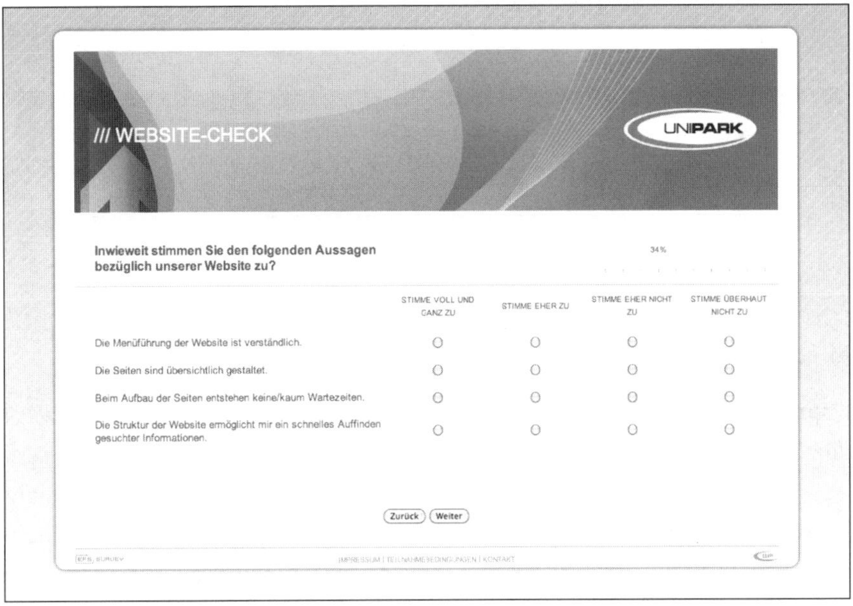

Abbildung 26: Matrixfrage

Umsetzung in EFS Survey:

1. Für die Matrix legen Sie wieder eine neue Standard-Seite an und wählen als Fragetyp *Standard-Matrix* (311) aus.
2. Neben den Antwortoptionen werden bei einer Matrix auch Skalenoptionen definiert. Um diese zu bearbeiten, klicken Sie auf das [+]-Icon im Abschnitt „Skalenoptionen“. Daraufhin öffnet sich die Eingabemaske für die Skala.
3. Geben Sie die vier Ausprägungen von „stimme voll und ganz zu“ bis „stimme überhaupt nicht zu“ ein. Bestätigen Sie anschließend mit **Speichern**.

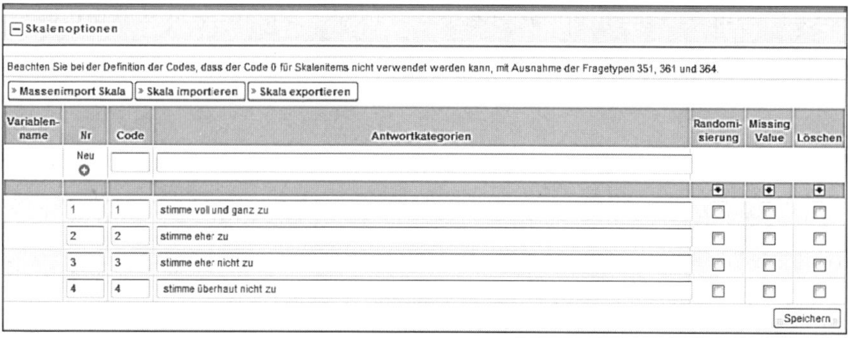

Abbildung 27: Skalenoptionen einfügen

6.2.7 Demographische Angaben

Zum Schluss der Befragung sollen den Probanden noch einige Fragen zur Demographie gestellt werden. Die Seite mit den demographischen Angaben soll sich aus den beiden Fragen nach Geschlecht und Geburtsjahr zusammensetzen. Vor den beiden Fragen soll ein kurzer Überleitungstext angezeigt werden, in dem der Proband darauf hingewiesen wird, dass die Umfrage nicht mehr lange dauert. Bei der Frage nach dem Geschlecht darf der Proband nur eine der beiden Möglichkeiten (männlich/weiblich) auswählen können. Das Eingabefeld für das Geburtsjahr soll auf vier Stellen begrenzt werden.

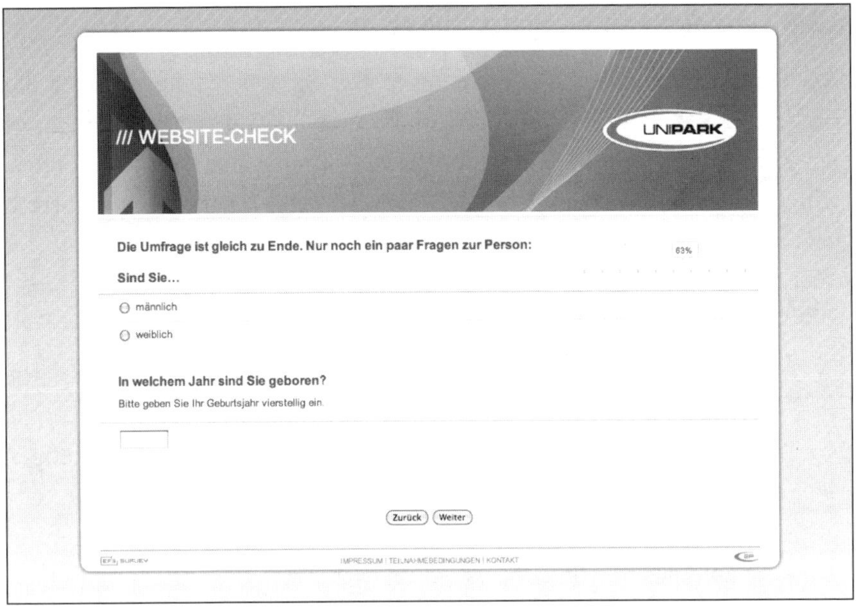

Abbildung 28: Demographische Angaben

Umsetzung in EFS Survey:

1. Legen Sie eine weitere Standard-Seite an. Auf dieser Seite sollen dieses Mal drei Fragen erstellt werden:
   - Der Zwischentext vom Fragetyp *Text und HTML-Code*
   - Die Frage nach dem Geschlecht vom Typ *Einfachauswahl untereinander*
   - Die Frage nach dem Geburtsjahr vom Typ *Textfeld einzeilig*
2. Bei der dritten Frage nach dem Geburtsjahr muss die „Breite des Textfeldes“ und die „maximale Länge der Eingabe“ auf vier Stellen begrenzt werden, da das Geburtsjahr vierstellig eingegeben werden soll.

6.2.8 Anlegen eines Plausibilitätschecks

Das Geburtsjahr sollen die Teilnehmer frei eingeben können, aber das Textfeld soll auf das richtige Eingabeformat geprüft werden: Es sollen nur Zahlen in einem bestimmten Bereich eingegeben werden können. Mittels Plausibilitätscheck kann der Proband den Fragebogen erst fortsetzen, wenn die eingegebenen Daten in dem definierten Bereich liegen.

Umsetzung in EFS Survey:

1. Öffnen Sie von der *Seitenansicht* aus die Registerkarte **Plausicheck**, um den Check zu erstellen.
2. Wählen Sie als Checktyp *„Bereichs-Check"* aus und bestätigen Sie die Auswahl mit **Hinzufügen**.
3. Wählen Sie in der Eingabemaske für den Wert des Feldes die Variable des Textfeldes aus. Zusätzlich muss die Unter- und Obergrenze des zulässigen Zahlenbereichs definiert werden. Sinnvolle Werte wären beispielsweise zwischen 1900 und 2000. Weiter unten können Sie zusätzlich noch die Meldung anpassen, die erscheint, wenn ein Proband einen unzulässigen Wert eingegeben hat.

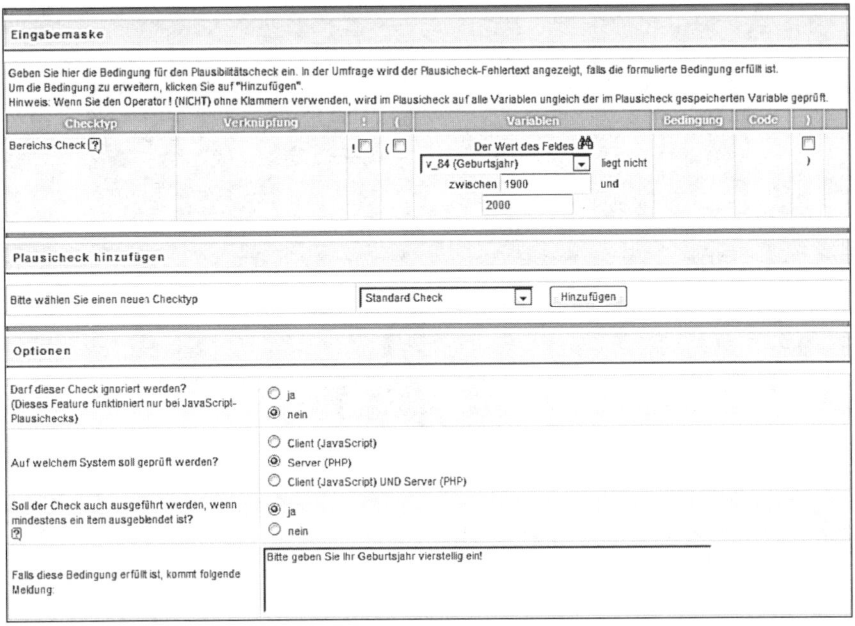

Abbildung 29: Plausicheck definieren

6.2.9 Teilnahme am Gewinnspiel

Zum Schluss sollen die Probanden als Dankeschön an einer Verlosung teilnehmen können. Die Seite besteht wieder aus drei Elementen, einem einleitenden Text, einem Bild mit dem Gewinn und anschließend einer Einfachauswahl, in der die Teilnehmer angeben können, ob sie an der Verlosung teilnehmen möchten oder nicht.

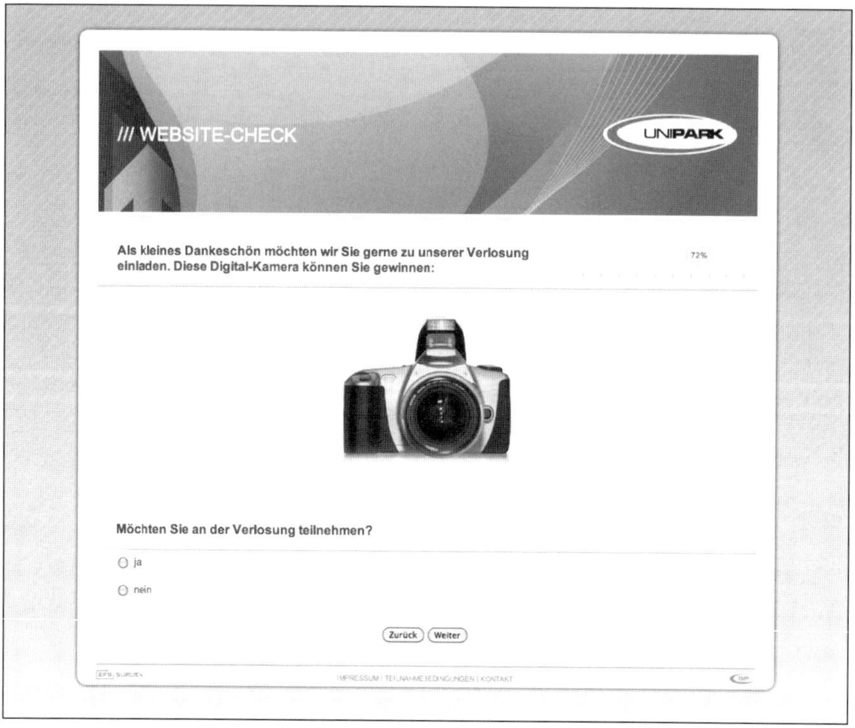

Abbildung 30: Teilnahme am Gewinnspiel

Umsetzung in EFS Survey:

1. Zunächst wird eine neue Standard-Seite angelegt. Auf dieser Seite sollen folgende drei Fragen erstellt werden:
   - Der Zwischentext vom Fragetyp *Text und HTML-Code*
   - Die Frage mit dem Bild vom Typ *Multimedia*
   - Die Frage nach der Verlosungsteilnahme vom Typ *Einfachauswahl untereinander*
2. Für den Multimedia-Fragetyp muss zuerst ein Bild mit dem Verlosungsgewinn in die *Medienbibliothek* hochgeladen werden, erst danach kann das Bild im Multimedia-Fragetyp ausgewählt wer-

den. Klicken Sie im **Fragebogen-Editor** den Menüpunkt **Medienbibliothek** an.

3. Klicken Sie in der Medienbibliothek den Button **Datei hochladen** an. Daraufhin öffnet sich ein Eingabedialog zum Hochladen neuer Multimediaelemente. Das gewünschte Bild können Sie über den **Durchsuchen**-Button auswählen. Optional kann auch ein Platzhalter für das Bild angelegt werden (über einen Platzhalter kann ein Bild beispielsweise in eine Antwortkategorie eingebunden werden). Setzen Sie zuletzt noch ein Häkchen bei „Ordner images nach dem Hochladen anzeigen?“, damit das Programm nach dem Hochladen in den Hauptordner zurückspringt. Anschließend können Sie das Bild mit einem Klick auf **Hochladen** in die Medienbibliothek laden.

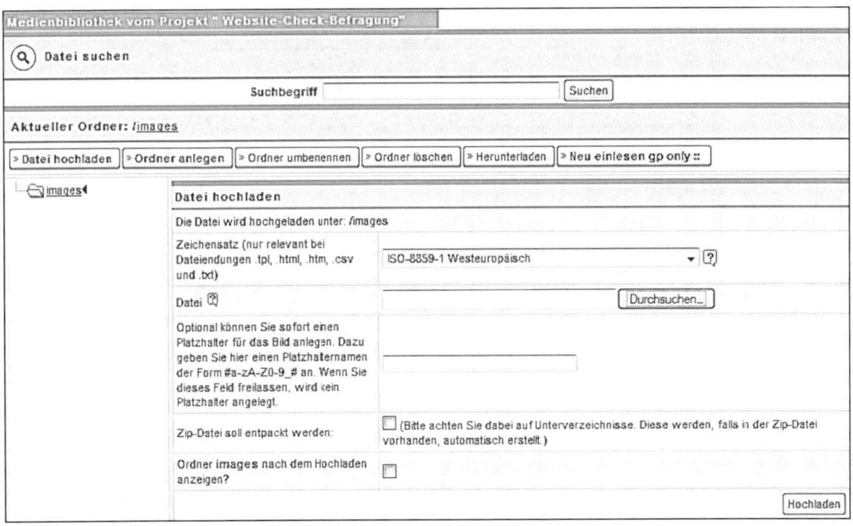

Abbildung 31: Medienbibliothek

4. Legen Sie nun in der *Gliederungsansicht* eine Frage vom Typ *Multimedia* an.

5. Wählen Sie in der *Fragenansicht* in der Drop-Down-Liste „Multimediaelement" das Bild mit der Digital-Kamera aus und bestätigen Sie anschließend mit **Speichern**.
6. Die Einfachauswahl, ob der Proband an der Verlosung teilnehmen möchte oder nicht, muss beantwortet werden, da in Abhängigkeit von der gegebenen Antwort auf der folgenden Seite eine Frage aus- oder eingeblendet werden soll. Mit der Deklaration als Pflichtfrage können Sie eine Antwort erzwingen. Daraufhin erfolgt ein sogenannter Do-Answer-Check (dac), d.h. es wird überprüft, ob der Proband die Frage beantwortet hat. Hat er nicht geantwortet, wird ein entsprechender Hinweis ausgegeben.

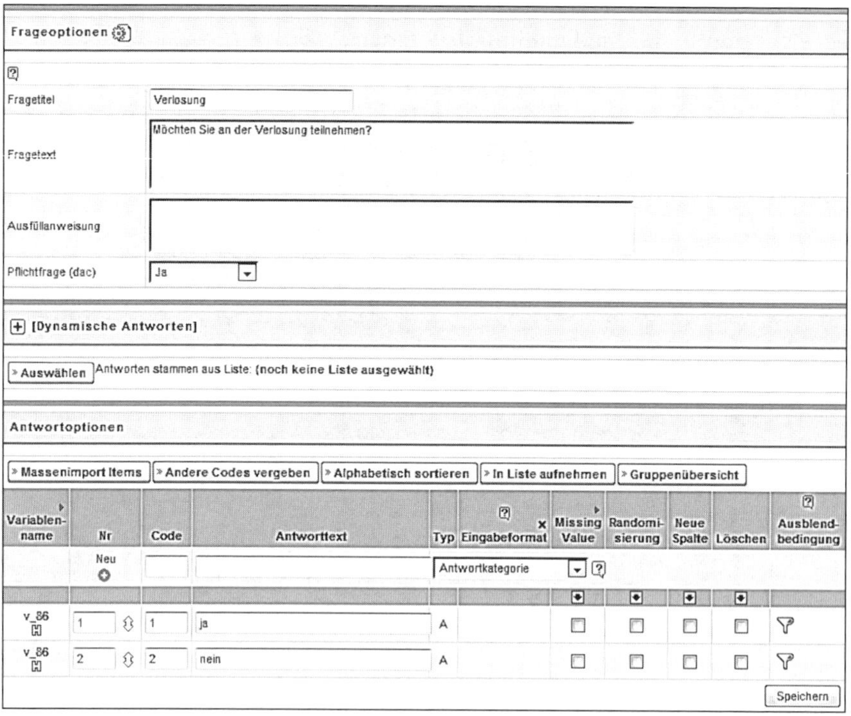

Abbildung 32: Pflichtfrage definieren

6.2.10 Erhebung der Kontaktdaten

Alle Probanden, die an der Verlosung teilnehmen möchten, müssen nach ihren Kontaktdaten gefragt werden, damit diese im Falle eines Gewinns benachrichtigt werden können. Zusätzlich sollen *alle* Teilnehmer gefragt werden, ob sie den Newsletter abonnieren möchten.

Die erste Frage soll folglich nicht angezeigt werden, wenn der Teilnehmer in der vorangegangenen Frage angegeben hat, dass er nicht an der Verlosung teilnehmen möchte. Die zweite Frage soll für alle Teilnehmer sichtbar sein.

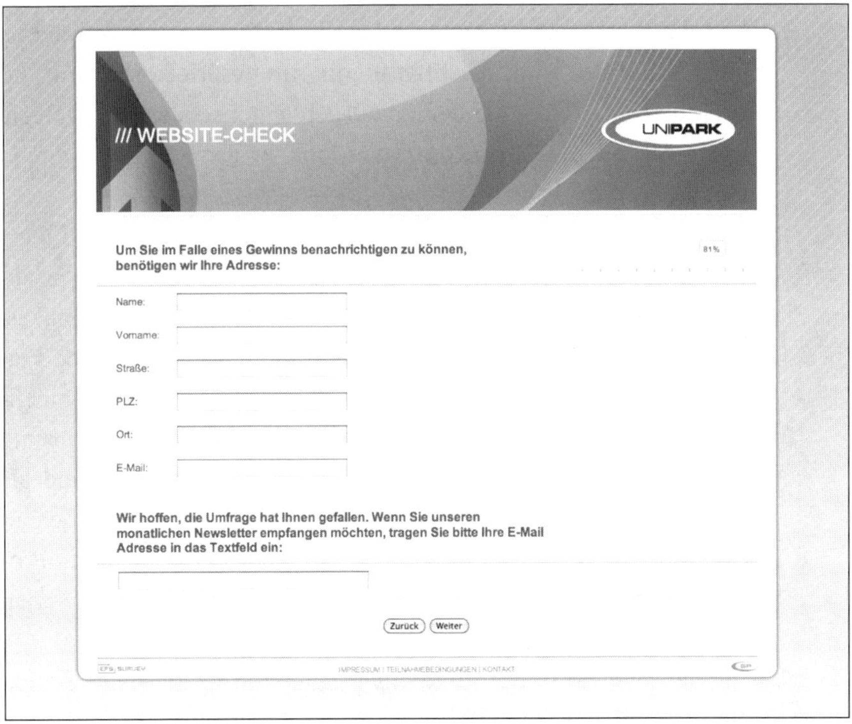

Abbildung 33: Erhebung der Kontaktdaten

Umsetzung in EFS Survey:

1. Legen Sie erneut eine Standard-Seite an. Erstellen Sie darauf eine Frage vom Typ *Textfeld-Matrix vertikal* und eine zweite Frage vom Typ *Textfeld einzeilig*.
2. Bei der ersten Frage werden mehr als die fünf standardmäßig vorgegebenen Antwortoptionen benötigt. Zusätzliche Optionen können Sie erzeugen, indem Sie den gewünschten Text in die Zeile „Neu“ schreiben und anschließend auf **Speichern** klicken. In diesem Fall sollte außerdem die „Breite der linken Spalte“ verkleinert werden, um die Frage optisch anzupassen.
3. Um die Ausblendbedingungen für die erste Frage zu definieren, klicken Sie den Link **Ausblendbedingung editieren** in den Frageoptionen an. Falls die Option ausgeblendet sein sollte, kann sie mit Klick auf das **Frageoptionen**-Icon in der Kopfzeile eingeblendet werden.
4. Nach Klick auf den Link öffnet sich die Eingabemaske für Filterbedingungen. Wie auch bei der Filterführung können die Variablen und Ausprägungen dem Codebuch entnommen werden. Da nur Probanden die Frage sehen sollen, die in der vorherigen Frage angegeben haben, dass sie am Gewinnspiel teilnehmen möchten, wird die Variable der Frage „Möchten Sie an der Verlosung teilnehmen?“ gebraucht. Als Bedingung muss „gleich“ und als Code „nein“ ausgewählt werden. Die Angaben müssen mit **Speichern** bestätigt werden. Trifft die Bedingung zu, d.h. hat ein Proband angegeben, dass er nicht an der Verlosung teilnehmen möchte, wird die Frage ausgeblendet.
5. Bei der zweiten Frage sollte das Eingabeformat für das Textfeld auf „E-Mail“ beschränkt werden.

6.2.11 Endseite der Befragung

Auf der letzten Seite der Befragung ist es üblich, sich bei den Teilnehmern zu bedanken. Optional kann den Teilnehmern die Möglichkeit gegeben werden, ein Feedback zu geben.

Abbildung 34: Die Endseite der Befragung

Umsetzung in EFS Survey:

1. Die Endseite ist immer die letzte Fragebogenseite. Sie ist bereits direkt nach dem Erstellen eines neuen Projekts vorhanden. Legen Sie darauf eine neue Frage vom Typ *Text und HTML-Code* an.
2. Im Eingabefeld einer Frage vom Typ *Text und HTML-Code* können Sie optional einen „Fenster schließen“-Button einfügen. Platzieren Sie den Cursor dazu unterhalb des eingegebenen Textes, wählen in der Drop-Down-Liste „Code automatisch einfügen“

die Option „‘Fenster schließen‘-Button einfügen“ aus und bestätigen Sie mit **Speichern**.

6.3 Test des Projekts

Nach Fertigstellung des Fragebogens ist es notwendig, das Projekt zu testen. Das Testen des Fragebogens ist bei Online-Befragungen wesentlich wichtiger als beispielsweise bei CATI- oder Papier-Befragungen, da bei Online-Befragungen auch die technischen Aspekte geprüft werden müssen. Die Umfrage sollte so aufgebaut sein, dass auch Probanden mit einer geringeren Bandbreite die Umfrage ohne lange Ladezeiten durchlaufen können. Ferner ist es den Probanden nicht zuzumuten, für die Befragung zusätzliche Software oder Plugins zu installieren. Stattdessen sollte auf Standard-Software für das jeweilige Endgerät gesetzt werden.

Anschließend durchlaufen interne und/oder externe Tester den Fragebogen, um diesen auf inhaltliche Fehler zu überprüfen. Dadurch können Rechtschreibfehler, aber auch Fehler in der Filterführung oder bei Kontrollskripten entdeckt werden.

1. Test im Vorschaumodus

Beim Erstellen des Fragebogens wurde wiederholt die Fragen- und Seitenvorschau verwendet, um fertige Fragen oder Seiten zu überprüfen (siehe Kapitel 0). Nach Abschluss der Programmierung sollte der gesamte Fragebogen noch einmal im Zusammenhang getestet werden. Neben inhaltlichen Aspekten ist dabei insbesondere zu prüfen, ob Filter, Ausblendbedingungen und Plausichecks funktionieren wie erwartet.

Klicken Sie im **Umfragemenü** den Link **Fragebogenvorschau** an, um den vollständigen Fragebogen zu durchlaufen.

2. Test im Produktivmodus

Vor der endgültigen Freigabe sollte der Fragebogen immer auch im Produktivmodus getestet werden, d.h. aus der Perspektive eines real existierenden Teilnehmers, für den in EFS Survey wirklich ein Datensatz angelegt und gefüllt wird. In diesem Modus wird beispielsweise die Fortschrittsanzeige korrekt berechnet und Platzhalter werden dynamisch mit Inhalten gefüllt.

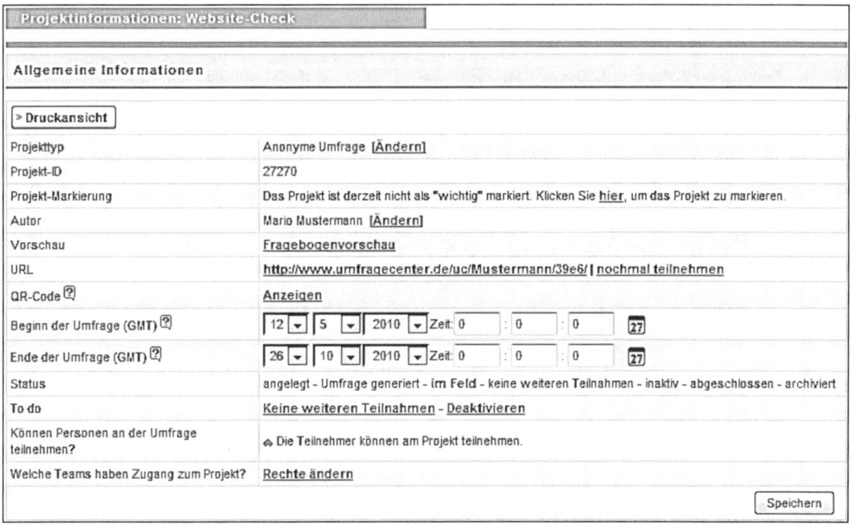

Abbildung 35: Allgemeine Informationen eines Projekts

3. Test mit automatisch erzeugten Testläufen

EFS Survey ermöglicht es, automatisch eine größere Anzahl von Testläufen zu erzeugen. So können u.a. Fehler bei der Filtersetzung identifiziert werden, die erst bei hohen Teilnehmerzahlen sichtbar werden.

1. Die entsprechende Funktion befindet sich im Menü **Projekttest**.

2. Auf der Registerkarte **Testdaten erzeugen** sollte die gewünschte Anzahl der Teilnahmen eingegeben werden. Die übrigen Default-Einstellungen können unverändert belassen werden.

3. Nach Bestätigung mit **Weiter** werden die gewünschten Testdatensätze erzeugt und eine entsprechende Erfolgsmeldung wird ausgegeben.

4. Auf der Registerkarte **Routing-Statistik** kann man sehen, ob die Werte den Erwartungen entsprechen.

Vor dem Feldstart sollten alle Daten, die bis dahin beispielsweise durch Tests im Produktivmodus aufgelaufen sind, gelöscht werden.

Umsetzung in EFS Survey:

1. Öffnen Sie das Menü **Generieren**.

2. Wählen Sie die Option „Alle Umfragedaten löschen": Sie dient dazu, die Datenbank nach Abschluss der Testphase komplett zu bereinigen.

3. Mit dem Button **Umfrage generieren** wird der Prozess ausgelöst.

6.4 Die Feldphase des Projekts

6.4.1 Festlegung der Feldzeit und Einladung der Teilnehmer

Nach dem Testen des Fragebogens werden die Teilnehmer zur Umfrage eingeladen. Beim Website-Check kann beispielsweise der Link zur Umfrage per Popup oder Layer auf der Website veröffentlicht werden (siehe S.21). Da viele Nutzer einen Popup-Blocker installiert haben, ist in der Regel ein Layer die bessere Alternative. Falls die Website einen Newsletter veröffentlicht, können über diesen die Probanden zur Umfrage eingeladen werden.

In den Projektinformationen muss die Feldzeit des Projekts definiert werden. Die Feldzeit legt fest, in welchem Zeitraum Teilnehmer an der Befragung teilnehmen können. Ist die Feldzeit abgelaufen, ist keine Teilnahme an dem Projekt mehr möglich.

Umsetzung in EFS Survey:

Vom **Umfragemenü** aus stellen Sie Ihren Website-Check ins Feld:

- In der Zeile „URL" finden Sie den Link zur Umfrage, der den potentiellen Teilnehmern kommuniziert werden muss (siehe Kapitel 6.4.2). Falls erforderlich, können Sie die URL im Menü **Projekteigenschaften** auch ändern.
- In den Feldern „Beginn der Umfrage" und „Ende der Umfrage" stellen Sie die Feldzeit ein.
- Der Zeile „Status" können Sie entnehmen, in welcher Phase sich das Projekt aktuell befindet – diese ist fett formatiert - und welche Phase als nächstes folgt. Ein Statuswechsel wird durch Anklicken des Links in der darunterliegenden Zeile „To do" ausgelöst. Der neu erstellte Website-Check ist noch im Status „Umfrage generiert": Klicken Sie auf **Aktivieren**, um den Status zu „im Feld" zu ändern.
- In der Zeile „Können Personen an der Umfrage teilnehmen" wird angezeigt, ob aktuell Teilnehmer auf den Fragebogen zugreifen können. Ist die Umfrage aktiviert und liegt die aktuelle Serverzeit innerhalb der definierten Feldzeit, signalisiert ein grünes Icon, dass die Teilnehmer zugreifen können.

6.4.2 Veröffentlichung der URL zur Umfrage

Bei anonymen Projekten in EFS Survey sind die Umfrageteilnehmer vorab nicht bekannt. Um potentielle Teilnehmer zu rekrutieren, wird der Link zur Umfrage (s.o.) beispielsweise auf einer Website oder in einem

Newsletter veröffentlicht. In diesem Fall besteht die Zielgruppe aus den Nutzern einer Website, der Link könnte also in einem Pop-Up in zufälligen Intervallen angezeigt werden. Gegebenenfalls sollte noch die unterschiedliche Auswahlwahrscheinlichkeit für häufige und seltene Besucher berücksichtigt werden.

6.4.3 Kontrolle des Projektverlaufs

Während der Feldphase der Umfrage ist es möglich, den Projektverlauf zu kontrollieren. Anders als bei CATI- oder Papierbefragungen gibt es bei Online-Befragungen keinen Interviewer, der die Antworten kontrollieren kann; hier hilft die Prüfung der Ergebnisse mittels Statistik. Die Kontrolle des Umfrageverlaufs kann beispielsweise dabei helfen, Probleme in der Filterführung frühzeitig zu erkennen. Auch können Abbrecher kontrolliert werden. Eine tendenziell hohe Abbruchquote auf der Startseite ist eher unproblematisch, da der Proband hier gegebenenfalls erst entscheidet, ob er an der Befragung teilnehmen möchte. Auf späteren Fragebogenseiten sollten hingegen mögliche Ursachen geprüft werden.

Umsetzung in EFS Survey:

Um den Verlauf der Umfrage zu beobachten, wechseln Sie vom **Umfragemenü** in das Menü **Statistik**. Es beinhaltet drei Hauptbereiche, die über Menüpunkte angesteuert werden können: Feldbericht, Online-Statistik und Offene Angaben.

6.4.4 Feldbericht

Der Feldbericht, der bei Öffnen des Menüs **Statistik** automatisch eingeblendet wird, beinhaltet eine Übersicht aller wesentlichen Kennwerte des Projekts.

Eine Grafik bietet einen schnellen Überblick über das Gesamtsample, das bereinigte Gesamtsample, die Nettobeteiligung und die beendeten Interviews.

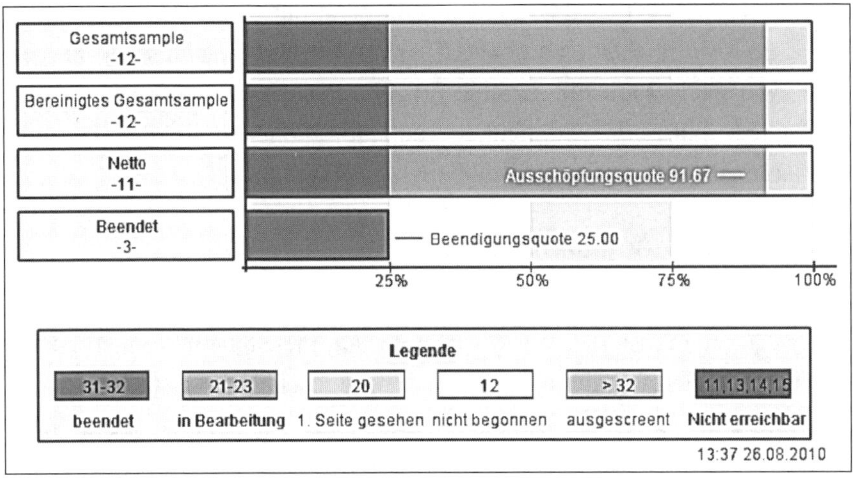

Abbildung 36: Übersicht Kennzahlen im Feldbericht

- Im Gesamtsample, aufgeteilt nach Brutto- und Nettostichprobe, können Ergebnistrends frühzeitig erkannt werden; wenn beispielsweise die Rücklaufquote sehr gering ist, können zusätzliche Teilnehmer eingeladen werden.
- In der Zugriffsstatistik kann die durchschnittliche Teilnehmerzahl pro Woche, Tag oder Tageszeit eingesehen werden. So kann beispielsweise die Tageszeit mit den meisten Zugriffen aufgeführt werden.
- Die Abbruchstatistik zeigt, wie viele Probanden den Fragebogen abgebrochen haben. Ist die Abbruchquote auf einer Fragebogenseite sehr hoch, sollten mögliche Ursachen geprüft werden. Auch Fehler in der Filtersetzung können durch Analyse der Abbruchstatistik erkannt werden.

6.5 Auswertung

6.5.1 Geschlossene Fragen

Die **Online-Statistik** gibt zu jedem Zeitpunkt der Befragung einen Überblick über die bisher gesammelten Antworten auf geschlossene Fragen, und zwar nach Wahl für einzelne Fragen oder für die gesamte Umfrage. Zusätzlich gibt es die Möglichkeit, die Häufigkeitsverteilungen über eine Variable zu splitten, also Kreuztabellen zu erstellen.

6.5.2 Offene Angaben

Im Menü **Offene Angaben** können Sie die eingegangenen Antworten auf offene Fragen einsehen. Wie auch in der Online-Statistik können entweder einzelne Fragen oder die gesamte Umfrage ausgewählt werden.

Frage:Über welche Suchmaschine haben Sie von unseren Internetauftritt erfahren?

Nr.	v_103 : - Sonstige:-
15	MetaGer
16	AltaVista
17	MSN
18	msn
19	Forestle
20	Forestle
21	Metager
22	forestle

Abbildung 37: Offene Angaben

6.5.3 Reporting

Das EFS Survey-Reporting ermöglicht es Ihnen, direkt in EFS Survey vollständige Berichte mit tabellarischen Auswertungen und Grafiken zu erstellen.

Um einen ersten Eindruck von der Leistungsfähigkeit des Reporting zu gewinnen, gehen Sie folgendermaßen vor:

1. Öffnen Sie das Menü **Statistik->Reporting**.
2. Klicken Sie den Button **Bericht anlegen** an.
3. Geben Sie dem Bericht den Namen „Musterreport".
4. Zwei Berichtstypen stehen zur Auswahl, Standardbericht (ein Musterreport, der automatisch die wichtigsten Informationen enthält) und Individualbericht (ein komplett benutzerdefinierter Bericht). Wählen Sie den Typ „Standardbericht".
5. Bestätigen Sie mit **Anlegen**.
6. Der neu angelegte Standardbericht erscheint in der Übersicht.
7. Klicken Sie das **Vorschau**-Icon an. In einem Popup-Fenster sehen Sie einen Entwurf Ihres Berichts: Er enthält die Häufigkeiten für alle Fragen, berücksichtigt werden die seit Beginn der eingestellten Feldzeit beendeten Interviews.

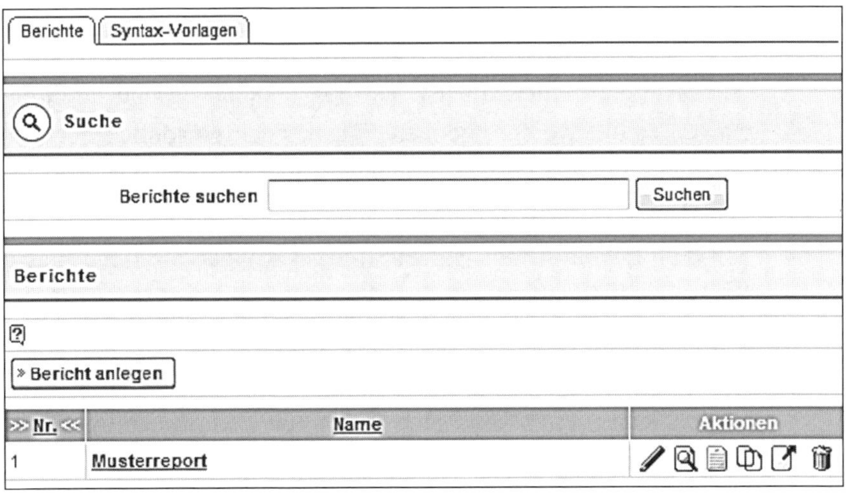

Abbildung 38: Standardbericht anlegen

7 Vertiefungsmöglichkeiten

In Kapitel 6 wurde gezeigt, wie Sie mit EFS Survey schnell und effektiv eine einfache Online-Befragung realisieren können. Das Leistungsspektrum von EFS Survey geht jedoch weit über das reine Erstellen und Publizieren von webbasierten Fragebögen hinaus: EFS Survey ist eine professionelle Projektmanagement-Software, mit der Befragungsprojekte aller Komplexitätsstufen abgewickelt werden können. Im Folgenden wird an ausgewählten Themen exemplarisch gezeigt, wie EFS Survey Sie in allen Phasen der Projektdurchführung unterstützt:

- Durch den Einsatz von dynamischen Elementen wie beispielsweise Listen können Sie den Fragebogeninhalt von den Eingaben der Probanden abhängig machen.
- Mit Hilfe von geschickter Filterführung und zusätzlich eingeschobenen Endseiten können ungeeignete Probanden vorzeitig ausgescreent werden.
- EFS Survey ermöglicht es, zwei Umfrage-Projekte miteinander zu verknüpfen. Müssen beispielsweise hohe Datenschutzanforderungen erfüllt werden, können Fragen nach persönlichen Daten so in ein zweites Projekt ausgelagert werden, d.h. die persönlichen Daten werden von den übrigen Antworten getrennt.
- Mit dem Layout-Editor von EFS Survey können Sie Ihren Fragebogen individuell gestalten. Fortgeschrittenen Nutzern mit HTML- oder CSS-Kenntnissen bietet der Profi-Editor weiterführende Gestaltungsmöglichkeiten.
- Bei personalisierten Umfragen stehen die Teilnehmerverwaltung und die Mailfunktionen von EFS Survey zur Verfügung.
- Eine Vielzahl von Tools bietet Unterstützung beim Testen und bei der Arbeitsorganisation.

- Vor der Auswertung oder dem Export kann die Qualität der Ergebnisdaten weiter verbessert werden, indem man beispielsweise irrelevante Daten automatisch entfernen oder mittels eines Qualitätskorrektur-Algorithmus Durchklicker kennzeichnen lässt.
- Für vertiefende Analysen mit externer Auswertungssoftware wie beispielsweise SPSS steht eine Exportschnittstelle zur Verfügung.

7.1 Erstellung von Listen

EFS Survey bietet eine Vielzahl von Möglichkeiten, Fragebogeninhalte dynamisch zu gestalten, d.h. von den Eingaben der Probanden oder von ihren Teilnehmerdaten abhängig zu machen. Beliebte dynamische Features sind beispielsweise Ausblendbedingungen, Platzhalter, Loops, Trigger und Listen – die letzteren werden in diesem Kapitel exemplarisch vorgestellt.

Listen dienen dazu, eine Frage dynamisch mit Antwortoptionen zu füllen. Die Liste kann einen Satz vorab definierter Elemente enthalten, sie kann ihre Elemente jedoch auch aus Quellfragen beziehen. Welche Elemente jeweils in den Listenfragen angezeigt werden, kann von den Antworten der Probanden und von zusätzlichen, komplexen Aufnahmebedingungen abhängig gemacht werden.

Angenommen, Sie möchten im Website-Check ermitteln, wie die Probanden einzelne Bereiche der Unipark-Site bewerten, Sie möchten dabei aber nur Meinungen zu Bereichen erfassen, die die Probanden tatsächlich kennen. Dazu erfragen Sie zuerst mit einer Mehrfachauswahl die bekannten Bereiche.

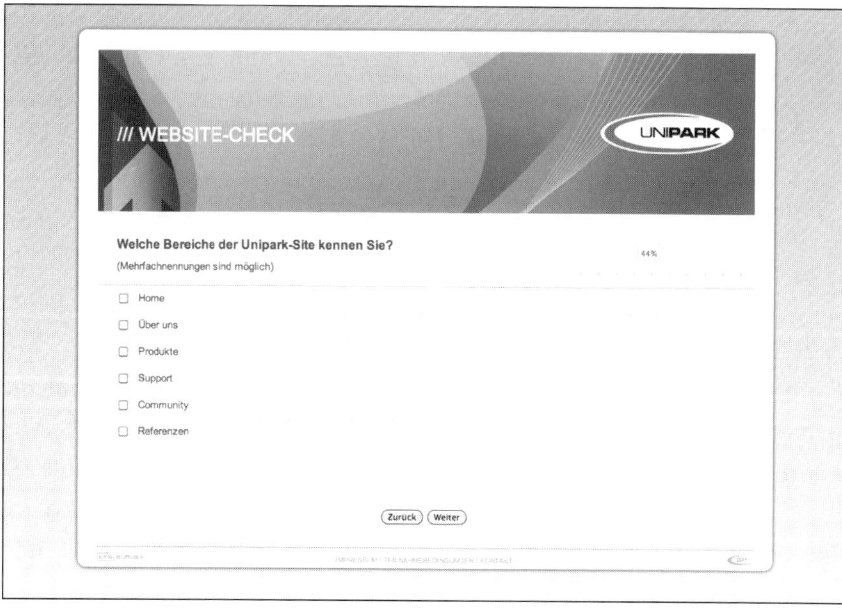

Abbildung 39: Bereiche der Website

Auf der Folgeseite sollen alle Bereiche, die die Probanden als bekannt angegeben haben, bewertet werden; alle nicht bekannten Bereiche sollen nicht angezeigt werden.

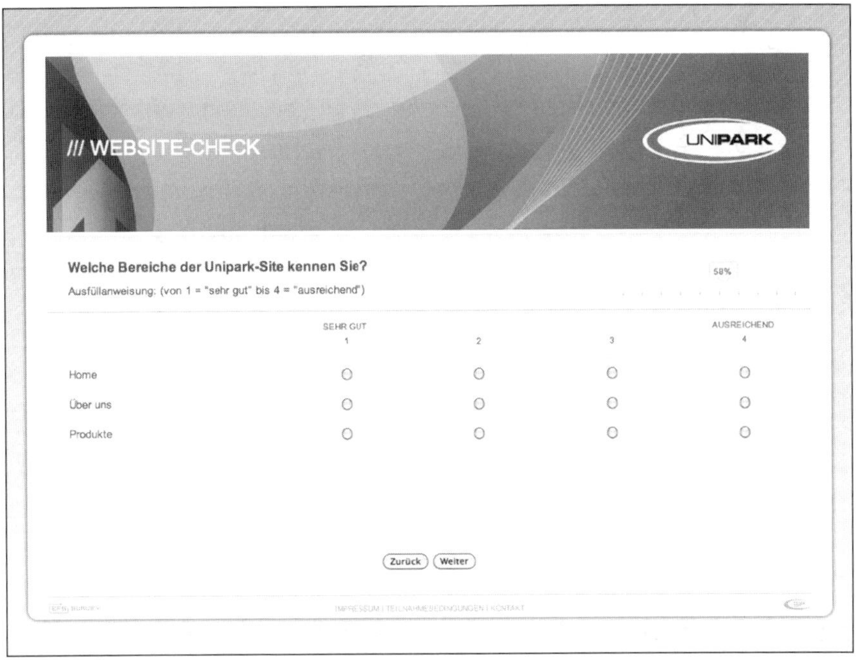

Abbildung 40: Bereiche der Website bewerten

Umsetzung in EFS Survey:

In EFS Survey können Sie eine Liste einsetzen, um dynamisch auf die Antworten der Probanden in der ersten Frage zu reagieren.

1. Entscheiden Sie, an welcher Stelle im Fragebogen erfragt werden soll, welche Bereiche die Probanden kennen und was sie darüber denken. Im Beispielprojekt sollen diese Fragen nach dem Filterzweig (Kapitel 6.2.5) eingeschoben werden.
2. Legen Sie eine neue Seite an. Platzieren Sie darauf die oben abgebildete Frage nach Kenntnis der Bereiche. Achten Sie darauf, dass diese Frage vom Typ „Mehrfachauswahl“ sein sollte.
3. In der Fragenansicht über den Antwortoptionen finden Sie den Button **In Liste aufnehmen**. Klicken Sie diesen Button an.

4. Wählen Sie „Neue Liste“ und bestätigen Sie mit **Weiter**. Geben Sie der Liste einen Namen, z. B. „Bereiche“. Lassen Sie alle anderen Einstellungen unverändert und bestätigen mit **Speichern**.
5. Die Antwortoptionen der Frage werden in die neue Liste übernommen. Als Nächstes werden die Aufnahmebedingungen für jedes einzelne Listenelement definiert. Stellen Sie bei allen Elementen „wenn gewählt, immer Listenelement“ ein und bestätigen erneut mit **Speichern**. Nun ist die Liste fertig.

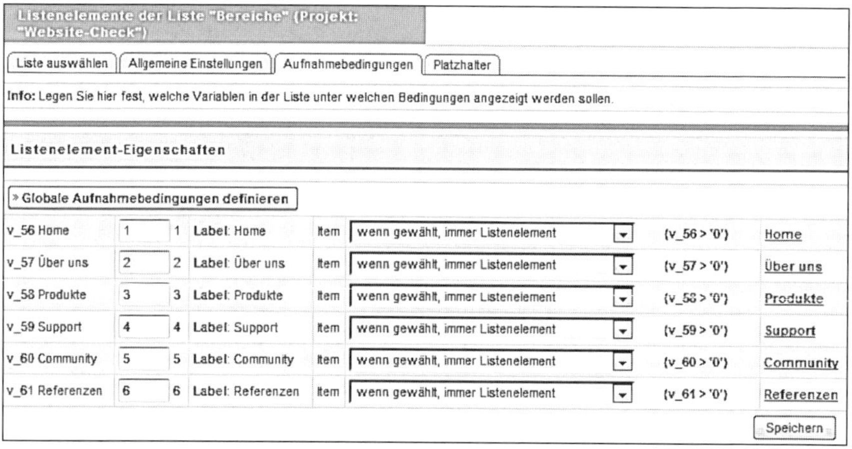

Abbildung 41: Aufnahmebedingungen für Liste definieren

6. Wechseln Sie zurück in die Gliederungsansicht, legen Sie die Folgeseite an und platzieren Sie darauf eine Frage vom Typ *Standard-Matrix 1*.
7. Die Fragenansicht enthält einen Abschnitt „Dynamische Antworten“. Klicken Sie den darin befindlichen **Auswählen**-Button an: Auf der Folgeseite können Sie Ihre Liste auswählen und **Speichern**.
8. Klicken Sie den Menüpunkt **Zurück zum Editor** an. Der Abschnitt „Dynamische Antworten“ enthält nun die Elemente der

Liste. Die Default-Antwortoptionen werden nicht benötigt und können wie gewohnt mittels der Checkbox „Löschen“ entfernt werden.

7.2 Ausscreenen

Häufig kommt es vor, dass man für eine Studie Probanden mit bestimmten Eigenschaften benötigt. Diese Eigenschaften können jedoch gerade bei anonymen Umfragen meist erst im Verlauf der Befragung erfragt werden. Diejenigen Probanden, die die gewünschte Eigenschaft nicht haben, trotzdem den kompletten Fragebogen ausfüllen zu lassen, wäre für Befragungsleiter und Probanden gleichermaßen ineffektiv. Man *screent* sie daher vorzeitig *aus*, d.h. man lenkt sie mit Hilfe eines Filters zu einer vorgezogenen Endseite. Auf dieser Endseite wird ihnen ein Dispositionscode zugewiesen, über den man sie von Abbrechern einerseits und von vollständigen Interviews andererseits unterscheiden kann.

Sie können dieses Verfahren am oben erstellten Beispielprojekt ausprobieren. Angenommen, Sie möchten mit dem Website-Check nur die Meinung von Probanden erfassen, die häufig im Internet surfen. Die Probanden, die bei der Frage nach der Internetnutzung lediglich „mehrmals pro Monat“ oder „seltener“ gewählt haben, sollen vorzeitig ausgescreent werden. Dies können Sie folgendermaßen realisieren:

1. Entscheiden Sie, nach welcher Fragebogenseite die ungeeigneten Probanden ausgescreent werden sollen. Im Beispiel ist dies die Seite „Internetnutzung“ (siehe Kapitel 0).
2. Legen Sie nach dieser Seite entsprechend der Anleitung in Kapitel 6.2.4 eine Filterseite an.
3. Definieren Sie die Filterbedingung. Im Beispiel sollen alle Probanden, die „Mehrmals pro Monat“ (Code 3) oder „seltener“

(Code 4) gewählt haben, ausgescreent werden. Die entsprechende Filterbedingung lautet: „v_35 größer gleich 3“.

4. Als nächstes legen Sie, eingeschoben unter dem Filter, eine Zwischen-Endseite an. Dazu öffnen Sie, wie oben in Kapitel 0 beschrieben, über die Registerkarte **Neue Seite oder Filter anlegen** den Eingabedialog und geben den Titel ein.

5. Blenden Sie mit einem Klick auf das **[+]**-Icon den Abschnitt „Spezial-Seitentypen“ ein.

6. Wählen Sie als Typ: „Endseite“.

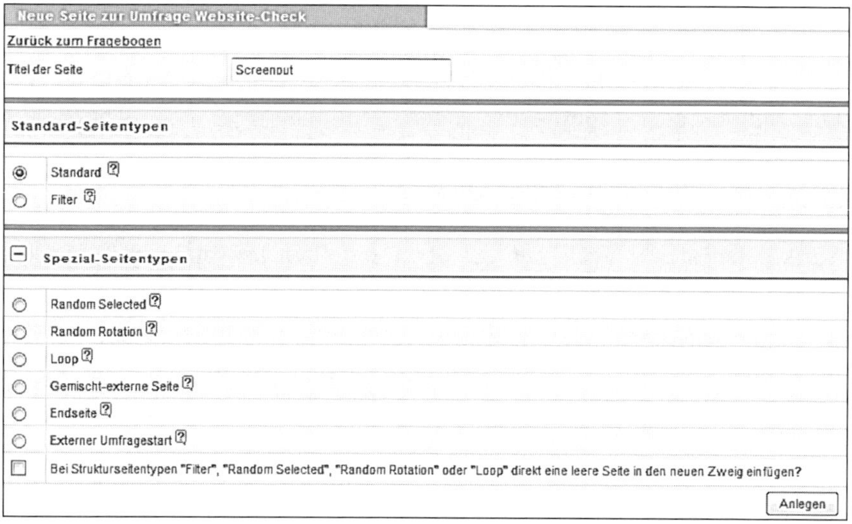

Abbildung 42: Endseite anlegen

7. Bestätigen Sie mit **Anlegen**.

8. Die neue Seite erscheint in der Gliederungsansicht. Klicken Sie das Icon **Seiteneigenschaften editieren** an.

9. Wählen Sie im Feld „Status“ den Dispositionscode, der den Teilnehmern bei Erreichen der Zwischen-Endseite zugewiesen werden soll. Beim Ausscreenen wird üblicherweise der Dispositionscode 37 verwendet. So können Sie später die ausgescreenten Teilnehmer leicht von denjenigen unterscheiden, die den Fragebogen beendet haben (Dispositionscode 31, 32).

Abbildung 43: Status für Endseite ändern

10. Bestätigen Sie mit **Ändern**.

7.3 Trennung der Kontaktdaten von Befragungsdaten

Um den Datenschutz zu gewährleisten, sollten Ergebnis- und Adressdaten getrennt erfasst werden. Würden die Kontaktdaten der Probanden, die an der Verlosung teilnehmen möchten, in dieser Umfrage abgefragt werden, wäre eine Zuweisung zwischen Antworten und Identität des Probanden möglich.

Umsetzung in EFS Survey:

Damit das Antwortverhalten des Teilnehmers anonym bleibt, sollten die Kontaktdaten in einem separaten Projekt abgefragt werden. Dies kann durch eine Weiterleitung auf der Fragebogenseite zu einem anderen Projekt erfolgen. Zwei Projekte werden in EFS Survey durch einen externen Umfragestart verknüpft. In dem gesonderten Projekt werden dann die Kontaktdaten abgefragt, wodurch kein Risiko des Datenmissbrauchs besteht. In der zweiten Frage haben alle Teilnehmer, die den Newsletter abonnieren möchten, die Möglichkeit ihre E-Mail-Adresse einzutragen. Das Eingabeformat dieses Textfeldes sollte auf E-Mail beschränkt werden. Danach werden die Probanden wieder zurück zum ersten Projekt geleitet.

7.4 Weitere Optionen zur Gestaltung des Fragebogens

Die Beantwortung der Fragen erfolgt anhand des Gesamteindrucks des Fragebogens. Ein weiteres wichtiges Kriterium ist eine ansprechende Optik, ein gelungenes Fragebogen-Layout. Grundsätzlich gelten bei der Fragebogengestaltung dieselben Regeln wie bei Websites:

- Dunkle Schrift auf hellem Grund ist geeigneter als umgekehrt. Komplementärfarben wie (gelb+violett, blau+orange, rot+grün) sind schwer lesbar. Zudem haben einige Menschen eine Rot-Grün-Sehschwäche.
- Die Schrift sollte groß genug gewählt werden. Als Schrifttyp eignen sich nicht verschnörkelte gut lesbare Typen.
- Bilder sollten den Inhalt unterstützen und nicht überlagern.

Für Online-Befragungen gilt zudem:

- Ein Firmenlogo am oberen Fragebogenrand erhöht die Seriosität der Befragung.

- Ein Weiter-Button sollte gut erkennbar positioniert werden. Optional kann auch ein Zurück-Button angezeigt werden.
- Die technischen Voraussetzungen der Teilnehmer müssen berücksichtigt werden. Der Fragebogen sollte nicht zu überladen sein und sich auch bei einer niedrigen Bandbreite schnell aufbauen.
- Der wesentliche Inhalt einer Fragebogenseite muss mit einem Blick erfasst werden können; der Proband sollte nicht zu viel scrollen müssen.

Umsetzung in EFS Survey:

Jeder Fragebogen in EFS Survey kann individuell gestaltet werden, alternativ kann auch eine der vorhandenen Layoutvorlagen verwendet werden. Das Layout der Umfrage ist in EFS Survey strikt getrennt von Inhalt und Struktur der Befragung. Dies ermöglicht eine relativ einfache Anpassung des Layouts, ohne dass inhaltlich etwas geändert werden muss. Dies bedeutet auch, dass Initiatoren von Umfragen ein erstelltes Layout für ihre sämtlichen Befragungen verwenden können. Infolgedessen steigt der Wiedererkennungswert bei den Probanden.

Unter dem Menüpunkt **Layout** befinden sich verschiedene Features zur Fragebogengestaltung. Im Standard-Editor können Nutzer ohne Webdesign-Kenntnisse Layoutanpassungen vornehmen. Einige Features im Standard-Editor sind beispielsweise:

- Der Austausch von Logos aus der Medienbibliothek ist an vier verschiedenen Positionen möglich.
- Standardmäßig eingestellte HTML-Formularelemente wie Buttons können durch grafische Formularelemente ersetzt werden. Hierfür gibt es verschiedene Sets, zwischen denen gewählt werden kann. Alternativ können auch eigene Grafiken hochgeladen werden.

- Die Fortschrittsanzeige, die dem Probanden zeigt, an welcher Stelle des Fragebogens er sich gerade befindet, kann mit einem Klick aktiviert werden. Es kann zwischen verschiedenen Anzeigedesigns gewählt oder der Erläuterungstext geändert werden.

7.4.1 Profi-Layout

Fortgeschrittenen Nutzern mit HTML- oder CSS-Kenntnissen bietet der Profi-Editor von EFS Survey weiterführende Gestaltungsmöglichkeiten.

- Sie haben direkten Zugriff auf die Templates, d.h. Sie können beispielsweise die Struktur der Fragebogenseiten ändern. Das Template-System von EFS Survey basiert auf dem Open-Source-System „Smarty", das von Globalpark schon seit vielen Jahren erfolgreich eingesetzt wird. Ausführliche Informationen zu Smarty finden Sie unter http://www.smarty.net.
- Die CSS-Datei kann ebenfalls direkt bearbeitet werden.
- Ein Ex- und Import für Templates, eine Upload-Funktion für Bilder und andere Layoutdateien, ein Layout-Check und verschiedene Debug-Features unterstützen Sie bei der Arbeit.

7.5 Personalisierung von Projekten

Bei dem oben erstellten Website-Check handelt es sich um eine anonyme Umfrage, die einfachste Form von Web-Befragungen, bei der die Teilnehmer nicht vorab bekannt sind. Der Link zur Umfrage wird einfach auf der zu überprüfenden Website platziert oder in einem Newsletter veröffentlicht, der Fragebogen ist so für jeden frei zugänglich.

Die gebräuchlichste Form von Internet-Befragungen ist jedoch die personalisierte Umfrage, bei der vorab bekannte Personen einer Auswahlgesamtheit gezielt eingeladen werden. Typische Einsatzszenarien sind Mitarbeiterbefragungen oder Kundenbefragungen.

In EFS Survey werden diese Befragungen mit Hilfe des Projekttyps „*Personalisierte Umfrage*“ realisiert. Dieser Umfragetyp weist folgende Merkmale auf:

- Die Teilnehmer werden in einer leistungsfähigen Teilnehmerverwaltung angelegt und verwaltet.
- Die Authentifizierung der Teilnehmer erfolgt über eineindeutige Zugangscodes oder alternativ über eine E-Mail-/Passwort-Kombination.
- Die Einladung zur Befragung erfolgt üblicherweise über E-Mail. Die optional erhältliche EFS SMS Extension unterstützt jedoch auch Einladungen per SMS.
- Durch den Einsatz von Mailvorlagen können Sie den Versand effektiv abwickeln. Werden die Teilnehmer beispielsweise in mehreren Wellen eingeladen, genügt es, eine Mailvorlage vorzubereiten. Sie kann beliebig oft verwendet werden.

Im Folgenden erstellen Sie Ihre eigene personalisierte Umfrage und lernen die zentralen Funktionen in der Praxis kennen.

7.5.1 Anlegen einer personalisierten Umfrage

Um die Möglichkeiten eines personalisierten Projekts zu erkunden, können Sie entsprechend der Anleitung in Kapitel 6.2 ein neues Projekt anlegen und dabei den Projekttyp „Personalisierte Umfrage“ wählen. Sie können jedoch auch die oben erstelle Beispielumfrage einfach kopieren:

1. Klicken Sie das Modul **Projekte** an, um zur Projektliste zu gelangen.
2. Wählen Sie in der Zeile des Projekts „Website-Check“ das Icon **Kopieren**.

3. Ändern Sie den Projekttyp von „Anonyme Umfrage“ zu „Personalisierte Umfrage“ und bestätigen Sie mit einem Klick auf **Anlegen**.

Die Erhaltung des anonymen Quellprojekts hat den Vorteil, dass dort weiterhin getestet und gearbeitet werden kann, ohne sich wie bei personalisierten Projekten immer neu als Teilnehmer einloggen zu müssen.

7.5.2 Anlegen der Teilnehmer

Im Umfragemenü des neuen Projekts finden Sie die **Teilnehmerverwaltung**. Darin können Sie die Teilnehmer der Befragung wahlweise einzeln anlegen oder en bloc importieren.

Einzelne Teilnehmer anlegen

Einzelne Teilnehmer anzulegen ist beispielsweise dann sinnvoll, wenn Sie für die Pretest-Phase Testeraccounts anlegen möchten oder wenn Sie nachträglich in einer schon laufenden Befragung einzelne Personen nachpflegen möchten.

1. Den Eingabedialog zum Anlegen eines einzelnen Teilnehmers öffnen Sie mit dem Button **Teilnehmer hinzufügen**.
2. Geben Sie die Daten ein. Die E-Mail-Adresse *muss* eingegeben werden, alle weiteren Attribute sind optional. Es bietet sich jedoch an, falls vorhanden, zumindest den Namen des Teilnehmers mit anzugeben.
3. Mit **Speichern** legen Sie den Teilnehmer an.

Teilnehmerliste importieren

Meist werden die Teilnehmer einer personalisierten Befragung importiert. Als Ausgangspunkt dient häufig eine Liste, die man aus einem anderen System (z. B. einer Mitarbeiter- oder Kundendatenbank) exportiert hat.

1. Öffnen Sie den Importdialog mit einem Klick auf **Teilnehmer importieren**.
2. Klicken Sie den Button **Importvorlage herunterladen** an und speichern Sie die Vorlage auf Ihrem PC.
3. Öffnen Sie die Datei mit einem geeigneten Editor, z.B: Microsoft Excel, und geben Sie die Daten Ihrer Teilnehmer ein.
4. Speichern Sie die Datei anschließend entweder im Excel- (XLS) oder im CSV-Format.
5. Wählen Sie im Importdialog von EFS Survey mit Hilfe der Durchsuchen-Funktion die Datei aus. Aktivieren Sie die Checkbox im Feld „Die erste Zeile enthält die Spaltenbezeichnungen" und laden Sie die Datei mit **Datei senden** hoch.
6. EFS Survey ordnet die Spalten der Importdatei automatisch den passenden Feldern der Datenbank zu. Überprüfen Sie die Zuordnung. Wenn Sie zufrieden sind, klicken Sie den Button **Vorschau** an.
7. In der Importvorschau sehen Sie sämtliche Datensätze so, wie sie in das Projekt importiert werden.
8. Wenn Sie zufrieden sind, lösen Sie mit **Importieren** den eigentlichen Import aus.

7.5.3 Einladung der Teilnehmer

Im Folgenden durchlaufen Sie den vollständigen Mailversandprozess, vom Anlegen einer wiederverwendbaren Mailvorlage, über das Auswählen der Adressaten, bis zur Kontrolle des erfolgreichen Versands.

1. Wechseln Sie in das Menü **Mailvorlagen**.
2. Klicken Sie **Vorlage erstellen** an.

3. Wählen Sie den Vorlagentyp „Einladungsmail“.
4. Geben Sie eine Beschreibung für den internen Gebrauch ein.
5. Stellen Sie Ihre eigene E-Mail-Adresse als Absender ein.
6. Formulieren Sie den Betreff und Inhalt der Einladungsmail. Der Text sollte, ähnlich wie bei der Startseite, kurz sein und alle wichtigen Informationen enthalten. Bei einer Einladungsmail sind dies üblicherweise das Befragungsthema, die Dauer, der Ansprechpartner und der Link zur Befragung. Der Link setzt sich aus der URL zur Umfrage und dem individuellen Authentifizierungs-Code des Teilnehmers zusammen. Sie können ihn mittels des Platzhalters #code_complete# leicht in Ihren Text integrieren. Eine Liste aller möglichen Platzhalter finden Sie unter dem Fragezeichen-Icon im Bereich „E-Mail-Text“.
7. Bestätigen Sie die Eingaben mit einem Klick auf **Speichern**.
8. Klicken Sie in der Teilnehmerverwaltung den Button **Teilnehmergruppen kontaktieren** an.
9. In dem Dialog finden Sie verschiedene Optionen zum Kontaktieren von Teilnehmern mit einem bestimmten Status.

Teilnehmer kontaktieren

Hier laden Sie durch das System vorselektierte Gruppen ein.

Aktionen	Berücksichtige Dispositionscodes	Anzahl
Test-E-Mail an sich selber verschicken		
Einladungsmails verschicken	alle	1 Teilnehmer
Einladungsmails verschicken (nur an die, die bisher keine Einladung bekommen haben)	Dispositionscode = 11	1 Teilnehmer
Reminder verschicken	Dispositionscode <= 12	1 Teilnehmer
Reminder verschicken	Dispositionscode <= 12,20,21,22,23	1 Teilnehmer
Erfolgreiche TN benachrichtigen	Dispositionscode = 31,32	0 Teilnehmer
Erst-Seiten-Anseher anmailen	Dispositionscode = 20	0 Teilnehmer

Abbildung 44: Teilnehmergruppen kontaktieren

10. Klicken Sie den Link **Einladungsmails verschicken** an.

11. Das Standard-Mailformular wird geöffnet. Wählen Sie zunächst im Abschnitt „Allgemeine Einstellungen“ die oben angelegte Mailvorlage aus und bestätigen mit **Mailvorlage anwenden**.
12. Prüfen Sie Inhalt und Einstellungen.
13. Klicken Sie auf den Link **Zur Mailvorschau**, um das Ergebnis zu prüfen.
14. Achten Sie insbesondere darauf, dass die Platzhalter korrekt ersetzt werden. Wenn Sie zufrieden sind, klicken Sie auf **Endgültig versenden**.
15. Im Menü **E-Mail-Versandbericht** finden Sie einen Überblick über alle im aktuellen Projekt versendeten Mails.

7.6 Arbeits- und Testorganisation

Ein Umfrageprojekt durchzuführen ist eine komplexe Aufgabe, bei der neben Planung, Erstellung des Fragebogens und Auswertung auch vielfältige Koordinations- und Qualitätssicherungsaufgaben anfallen. Von der Funktionsfähigkeit einzelner Fragebogen-Features bis zum Layout muss alles überprüft, diskutiert, eventuell geändert und vor Beginn der Feldphase unter realistischen Bedingungen getestet werden. Neben einer Vielzahl von Test-Tools, von denen oben in Kapitel 6.3 exemplarisch Vorschau und Projekttest vorgestellt wurden, bietet EFS Survey Ihnen daher auch Unterstützung bei der Arbeitsorganisation und bei der Durchführung von Pretests.

Todo-Verwaltung

Die Todo-Verwaltung von EFS Survey erleichtert Ihnen und Ihrem Mitarbeiterteam die interne Organisation. Sie können sich im Fragebogen-Editor oder direkt im Fragebogen interne Notizen zu den einzelnen Fragebogenseiten machen, die auch für andere Teammitglieder sichtbar sind.

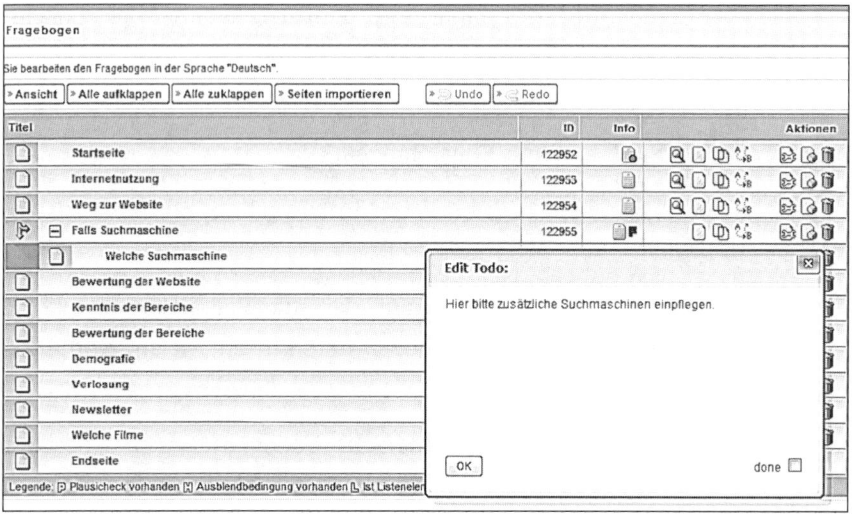

Abbildung 45: Todo-Marker

- Um den Todo-Marker im Fragebogen-Editor einzublenden, aktivieren Sie im Menü **Projekteigenschaften** die Checkbox „Todo-Marker im Editor anzeigen“ und **Speichern**.
- Möchten Sie den Todo-Marker auch vom Fragebogen aus nutzen, wählen Sie außerdem im Feld „Todo-Marker im Fragebogen anzeigen“ die geeignete Option und **Speichern**. Bei personalisierten Projekten können Sie dabei wählen, ob nur Teilnehmer mit speziell angelegten Testeraccounts oder alle Teilnehmer Notizen machen können.
- Anschließend können Sie die Todo-Icons nutzen, um Notizen zu hinterlegen und einzusehen. Haben Sie ein Todo abgearbeitet, klicken Sie auf „Done“, um den Arbeitsfortschritt auch für Ihre Mitarbeiter sichtbar zu machen.

- Möchten Sie die Todos Ihres Projekts ausdrucken, öffnen Sie das Menü **Druckversion**, aktivieren Sie „Todos anzeigen“ und bestätigen Sie mit **Einstellungen speichern**.

Pretest-Tool

Bevor eine Umfrage ins Feld geht, wird sie in der Regel einem Pretest unterzogen. Dabei durchlaufen Testpersonen den Fragenbogen und prüfen ihn in methodischer, inhaltlicher und technischer Hinsicht. Mit dem Pretest-Tool können Sie die Kommentare dieser Tester direkt in EFS Survey erfassen und abarbeiten. Dazu wird im Fragebogen ein **Pretest**-Button eingeblendet, über den die Tester ein Eingabeformular öffnen und ihre Kommentare eingeben können.

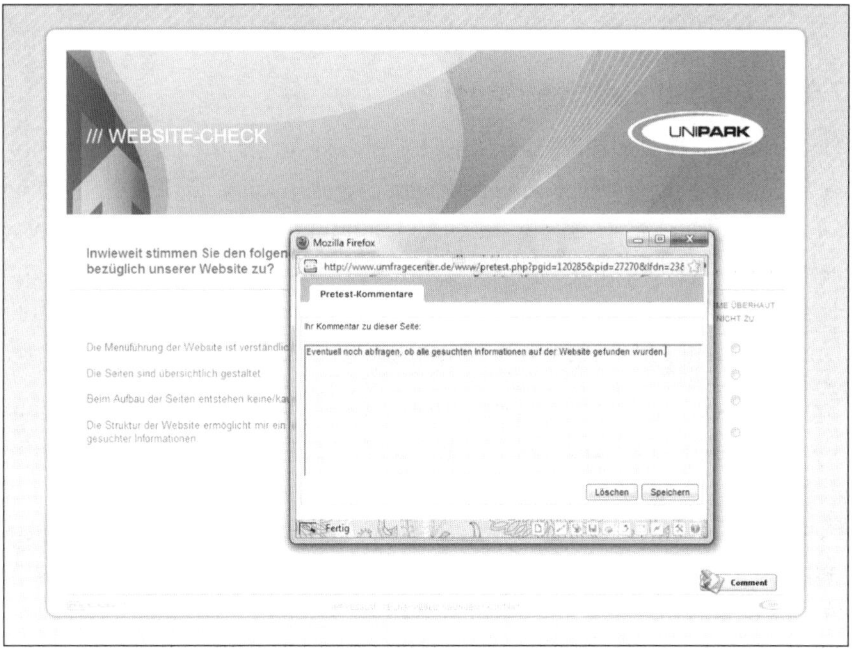

Abbildung 46: Pretest-Fenster im Fragebogen

- Eingeblendet wird das Pretest-Fenster im Menü **Projekteigenschaften** durch Wahl der entsprechenden Option im Feld „Pretest-Symbol in der Umfrage anzeigen" und anschließendes **Speichern**. Bei personalisierten Projekten können Sie dabei wählen, ob nur Teilnehmer mit speziell angelegten Testeraccounts oder alle Teilnehmer Kommentare eingeben können.
- Im Menü **Dokumentation->Pretest-Kommentare** können Sie die Pretest-Kommentare einsehen und abarbeiten. Durch Aktualisierung des Bearbeitungsstatus nach Erledigung eines Kommentars wird der Arbeitsfortschritt auch für Ihre Mitarbeiter sichtbar.
- Alternativ können Sie die Pretest-Kommentare mittels des Buttons **Pretest-Kommentare als Excel-Datei exportieren** herunterladen und außerhalb von EFS weiterarbeiten.

7.6.1 Unipark Pretester-Pool

Der Unipark Pretester-Pool ist ein Instrument der Unipark-Community, in der sich Nutzer zu diversen Themen empirischer Online-Forschung und speziell zum Umgang mit der Befragungssoftware EFS Survey helfen bzw. austauschen können[33]. Er hilft Unipark-Nutzern speziell beim Testen von Online-Fragebögen, einem wesentlichen Aspekt bei der Umsetzung eines Online-Befragungsprojekts.

Der Pretester-Pool bietet Teilnehmern die Möglichkeit, Personen aus allen erdenklichen Fachrichtungen zum Testen für die selbst programmierten Fragebögen zu rekrutieren. Die Tester prüfen die Fragebögen auf Fehler und Ungereimtheiten, indem sie Anmerkungen und Verbesserungsvorschläge zu jeder einzelnen Fragebogenseite über eine Kommentarbox abgegeben. Darüber hinaus werden Fragen, Ausfüllanweisungen,

---

[33] vgl.: Unipark Blog: http://www.uniparkblog.de und Forum http://forum.unipark.info

Antwortmöglichkeiten und Skalen auf Sinnhaftigkeit und Redundanz getestet, so dass die Umfrage letztlich fehlerfrei und verständlich wird. Die Folgen sind eine geringere Abbruchquote beim Beantworten des Fragebogens und eine höhere Datenqualität.

Das Testen der Fragebögen hat jedoch nicht nur Vorteile für die Umfrageautoren, sondern auch für die Tester selbst. Diese erhalten Einblick in die Fragebogengestaltung anderer Uniparker und darüber Input für die eigene Fragebogenkonzeption. Zum Beispiel kann die Anwendung bestimmter Skalentypen einen Tester dazu veranlassen, diese bei der zukünftigen Fragebogengestaltung in einem anderen Kontext ebenfalls zu nutzen. Vor allem vor dem aktuellen Hintergrund, Fragebögen innovativer und ansprechender zu gestalten, kann es sehr hilfreich sein, sich Denkanstöße aus der Praxis zu holen.

Im Anschluss an einen Pretest erhalten die Tester Rückmeldung vom jeweiligen Umfrageautor, indem ihnen entweder Einblick in alle Pretest-Kommentare oder den finalen Fragebogen gewährt wird. Dadurch erfahren die Tester, was anderen beim Testen des jeweiligen Fragebogens aufgefallen ist bzw. was der Umfrageautor auf Grundlage der Rückmeldungen am Fragebogen geändert hat. Somit ist sichergestellt, dass Tester direkt nach einem Pretest erfahren, was ihre Anmerkungen bewirkt haben.

Neben dem gegenseitigen Testen der Fragebögen wird der Pretester-Pool von allen Mitgliedern anhand einer Mailingliste dazu genutzt, Fragen rund um das Thema Fragebogentesten zu stellen bzw. zu diskutieren. Somit wird nicht nur dem individuellen Bedarf Rechnung getragen, selbst programmierte Fragebögen zu optimieren und Ideen für die eigene Fragebogenerstellung zu generieren, sondern es werden auch allgemeine Aspekte zum Testen von Fragebögen mit anderen Nutzern thematisiert.

Für die Teilnahme am Unipark Pretester-Pool können Sie sich unter folgendem Link anmelden: www.unipark.info/220-0-pretester-pool.htm.

7.7 Optionen zur Erhöhung der Datenqualität

Bevor die Daten exportiert werden, empfiehlt es sich diese zu bereinigen. Bei einer Datenbereinigung werden irrelevante Daten gelöscht. Irrelevante Daten können entstehen, wenn beispielsweise ein Proband beim Ausfüllen des Fragebogens den Vor- und Zurück-Button benutzt. Dadurch ist es möglich, dass der Proband mehrfach an derselben Filterfrage vorbeikommt, in dieser unterschiedliche Angaben macht, folglich in verschiedene Filterzweige gelangt und dort Fragen beantwortet. Zum Beispiel wählt der Proband aus, dass er durch eine Suchmaschine auf die Unipark-Website aufmerksam geworden ist und gibt auf der folgenden Seite einen Suchmaschinenanbieter an. Dann klickt der Proband aber auf den Zurück-Button und wählt die Antwortoption „Durch eine Suchmaschine" nicht mehr aus, der Filter lässt ihn nun die Frage nach dem Suchmaschinenanbieter überspringen. Wenn der Proband die Befragung beendet, hat er angegeben, dass er nicht durch eine Suchmaschine auf die Website aufmerksam geworden ist. Trotzdem enthält die Variable der Frage nach dem Suchmaschinenanbieter Werte. Diese irrelevanten Daten können durch die Datenbereinigung gelöscht werden.

Ebenfalls empfehlenswert ist eine Qualitätskorrektur der Daten. Bei der Qualitätskorrektur werden die Daten der Teilnehmer, die sich sehr schnell durch den Fragebogen klicken - um sich beispielsweise erst mal einen Überblick über den Fragebogen zu verschaffen oder einfach nur der Belohnung wegen die Umfrage schnell durchklicken - ermittelt. Diese Ergebnisse sind letztendlich für die Auswertung wertlos und sollten deswegen aus dem Datensatz ausgeschlossen werden. Um die Qualität eines einzelnen Teilnehmerdatensatzes zu ermitteln, wird seine individuelle Bearbeitungsdauer mit der durchschnittlichen Bearbeitungsdauer des gesamten Datensatzes in Beziehung gesetzt. Hat ein Teilnehmer eine sehr viel geringere Bearbeitungsdauer als der Durchschnitt, sollte dieser Datensatz von dem Ergebnis ausgeschlossen werden.

7.8 Vertiefte Analysen und Export der Ergebnisdaten

Mit den Reporting-Funktionen von EFS Survey können Sie Ihre Ergebnisse direkt in EFS auswerten und Berichte generieren. Gerade bei wissenschaftlichen Befragungen wird jedoch häufig SPSS oder eine andere Auswertungssoftware für eine vertiefte Analyse eingesetzt. Für diesen Zweck stellt EFS Survey eine leistungsfähige Exportschnittstelle zur Verfügung.

- Sie können wahlweise alle Ergebnisdaten, nur offene Angaben oder bei personalisierten Umfragen die Teilnehmerdaten exportieren.
- Neben den Standardformaten CSV und Microsoft Excel (XLS) stehen SPSS, SAS, Triple-S, Fixed Format und andere Dateiformate zur Verfügung.
- Eine Vielzahl von Exportoptionen ermöglicht es Ihnen, Inhalt und Umfang des Datensatzes für Ihren Bedarf weiter zu optimieren. So können Sie beispielsweise eigene Missing-Werte definieren, Sie können nur die Inhalte bestimmter Variablen exportieren oder nur Daten aus einem bestimmten Zeitraum exportieren.

Sie können das Exportieren von Daten am oben erstellten Beispielprojekt ausprobieren. Angenommen, Sie möchten die Ergebnisse des Website-Checks in SPSS auswerten. Dafür benötigen Sie nur die Antworten auf geschlossene Fragen – die offenen Angaben werden mit einem anderen Tool ausgewertet. Weiter benötigen Sie nur die Daten von Probanden, die den Fragebogen vollständig bearbeitet haben (Dispositionscode 31, 32).

1. Öffnen Sie das Menü **Export**.
2. Wählen Sie den Exporttyp „Ergebnisdaten (alle Angaben)“ und bestätigen Sie mit einem Klick auf **Weiter**.

3. Wählen Sie im Bereich „Basiseinstellungen“ als Dateiformat „SPSS“ und als Exportvorlage „Projekt, nur geschlossene Angaben“.

4. Öffnen Sie den Bereich „Einschränken nach Dispositionscodes“ mit einem Klick auf das [+]-Icon und deaktivieren Sie entsprechend den obigen Anforderungen alle Dispositionscodes außer 31 und 32.

5. Lassen Sie die übrigen Voreinstellungen unverändert.

6. Klicken Sie den Button **Exportieren** an. Bestätigen Sie auf der Folgeseite erneut mit **Datei auf den lokalen PC kopieren** und **Speichern** Sie die Datei anschließend nach Wunsch auf Ihrem lokalen PC.

7. Die exportierte Datei kann in SPSS importiert und dort weiter bearbeitet werden.

8 Ausblick: Besondere Möglichkeiten online

Online-Umfragen können auch von weniger routinierten Nutzern relativ schnell und einfach mittels EFS Survey erstellt werden. Zudem bieten Online-Befragungen viele Vorteile gegenüber anderen Befragungsformen: Die Teilnehmer können schneller zur Umfrage eingeladen werden, der Proband kann selbst entscheiden, zu welchem Zeitpunkt er die Umfrage durchführen möchte, die Umfrage kann jederzeit unterbrochen und wieder aufgenommen werden. Ein Interviewereinfluss entfällt. Nach Beendigung der Umfrage stehen die Ergebnisdaten sofort zur Verfügung und sind auch langfristig vergleichbar. Insgesamt sind Online-Befragungen schneller und meist kostengünstiger durchzuführen.

Ein qualitativ hochwertiges Ergebnis ist auch bei Online-Umfragen entscheidend. Wenn im Fragebogen methodisch schlechte Fragen gestellt werden, sind die Ergebnisse nicht viel wert. Ebenso müssen die Teilnehmer ohne systematische Verzerrungen rekrutiert werden, um ein aussagekräftiges Umfrageergebnis zu erhalten. Eine gute Fragebogenkonstruktion und eine repräsentative Auswahl der Teilnehmer kann einem auch der PC nicht abnehmen.

Aufgrund ihrer Vorteile wird eine deutliche Zunahme von Online-Umfragen in der nahen Zukunft erwartet. Insbesondere panelbasierte und listenbasierte Forschung wird sich deutlich ausweiten. Da die mehrfache Nutzung desselben Online-Untersuchungsszenarios nur unwesentlich mehr Kosten verursacht als eine einmalige Nutzung, ist zu erwarten, dass Benchmark-Ansätze zunehmen und identische Forschungsansätze in sachlicher und zeitlicher Hinsicht vervielfältigt werden. Einmal ausgearbeitete Untersuchungsansätze, die mehrfach eingesetzt werden, lassen sich in bisher nicht gekannter Form automatisieren. Zusätzlich zur Markt- und Sozialforschung gewinnen sozialwissenschaftliche Befragungsansätze im Bereich Mitarbeiterbefragung, Kundenzufriedenheitsbefragung und Evaluation neuer Einsatzfelder an Bedeutung.

Die Online-Forschung bietet gute Möglichkeiten für qualitativ hochwertige Befragungen. Es kann aber auch vieles falsch gemacht werden. Manchmal reicht es schon aus, dass ein Fragebogen deutlich zu lang ist, so dass nur noch Personen mit besonders positiver Grundeinstellung den Fragebogen bis zu Ende beantworten. Wenn dann nur dic Komplettantwortenden in die Analyse eingehen, werden Kaufabsicht oder Wahlabsicht falsch eingeschätzt. Ähnliche Fehleinschätzungen drohen, wenn die Instrumente nicht fachgerecht oder medienadäquat konstruiert werden. Methodisch saubere Forschung bleibt eine Grundbedingung für brauchbare Ergebnisse.

Dennoch ändern sich die Zugangsbedingungen zur Durchführung von Befragungsforschung. Die Kosten und Zugangsbarrieren für nationale und internationale Forschungen sind deutlich niedriger als bei konventioneller Forschung. Für diejenigen, die sich von der Theorie her auskennen, erleichtert das den Zugang deutlich. Die Möglichkeiten zu empirisch gesättigter Methoden- und Sozialforschung haben sich merklich erhöht. Zugleich wächst der Bedarf an Kenntnissen, die durch Forschung unterlegt sind. Vielleicht werden sogar so viele Methodenforschungen durchgeführt, dass sozialwissenschaftliche Befragungen nicht länger „nur" eine Kunstlehre sind, sondern auf einen breiten Fundus an wissenschaftlichen Kenntnissen aufbauen können.

Angesichts der Chancen von Online-Umfragen und der Leichtigkeit, mit der methodische Hypothesen geprüft werden können, wäre dem Forschungsstandort Deutschland zu wünschen, dass viele Wissenschaftler und Nachwuchswissenschaftler diese historische Gelegenheit ergreifen und durch einen Wissens- und Erkenntnisschub eine ganze Disziplin nach vorne bringen.

9 Literatur / Quellen

Bandilla, Wolfgang, 2003: Die Internet-Gemeinde als Grundgesamtheit. S. 71-83 in: *ADM Arbeitkreis Deutscher Markt- und Sozialforschungsinstitute/ Arbeitsgemeinschaft Sozialwissenschaftlicher Institute (ASI)/ Statistisches Bundesamt* (Hg.), Online-Erhebungen. Sozialwissenschaftlicher Tagungsbericht, Band 7. Bonn: Informationszentrum Sozialwissenschaften.

Best, Samuel J. und *Brian S. Krüger*, 2004: Internet Data Collection. Quantitative Applications in the Social Sciences. Sage University Papers Series 07-141.

Bosnjak, Michael, 2003: Web-basierte Fragebogenuntersuchungen. Methodische Möglichkeiten, aktuelle Themen und Erweiterungen. S. 109-133 In: *Informationszentrum Sozialwissenschaften (IZ) & Arbeitskreis Sozialwissenschaftlicher Institute e.V. (ASI)* (Hg.), Online-Erhebungen. Bonn: IZ.

Bosnjak, Michael und *Bernard Batinic,* 1999. Determinanten der Teilnahmebereitschaft an internetbasierten Fragebogenuntersuchungen. S. 145-157 in: *Bernard Batinic, Andreas Werner, Lorenz Gräf & Wolfgang Bandilla* (Hg.), Online Research - Methoden, Anwendungen und Ergebnisse. Göttingen: Hogrefe.

Bosnjak, Michael, Tracy L. Tuten und *Wolfgang Bandilla*, 2001: Participation in Web Surveys A Typology, S. 7-17 in: ZUMA-Nachrichten 48.

Bosnjak, Michael, Neubarth, Wolfgang, Couper, Mick P., Bandilla, Wolfgang und *Kaczmirek, Lars*, 2008: Prenotification in Web surveys: The influence of mobile text messaging versus e-mail on response rates and sample composition. Social Science Computer Review, 26(2), 213-232.

Bosnjak, M., Metzger, G., und *Gräf, L.*,2010: Understanding the willingness to participate in mobile surveys: Exploring the role of utilitarian, affective, hedonic, social, self-expressive, and trust-related factors. Social Science Computer Review, 28(3), 350-370.

Cavusgil, S. Tamer und *Lisa A. Elvey-Kirk,* 1998: Mail Survey Response Behaviour – A Conceptualization of Motivating Factors and an Empirical Study. European Journal of Marketing 32: 1165-1192.

Chang, LinChiat und *Jon A. Krosnick*, 2003: RDD Telephone vs. Internet Survey Methodology - Comparing Sample Representativeness and Response Quality. Unpubliziertes Manuskript, Ohio State University, erhältlich unter http://www.psy.ohio-state.edu/social/CSR-KN-HI.doc.

Couper, Mick P., Roger Tourangeau und *Kristin Kenyon*, 2004: Picture this! Exploring Visual Effects in Web Surveys. Public Opinion Quarterly 68: 255-266.

Couper, Mick P., Michael W. Traugott und *Mark J. Lamias*, 2001: Web Survey Design and Administration, Public Opinion Quarterly 65: 230–53.

Couper, Mick P., 2008: Designing Effective Web Surveys. New York: Cambridge University Press.

Couper, Mick P. und *Bosnjak, Michael,* 2010: Internet surveys (pp. 527-550). In J.D. Wright & P. V. Marsden (Eds.), Handbook of Survey Research (2nd edition). San Diego, CA: Elsevier.

Diekmann, Andreas und *Ben Jann*, 2001: Anreizformen und Ausschöpfungsquoten bei postalischen Befragungen - Eine Prüfung der Reziprozitätshypothese. S.18-27 in: ZUMA-Nachrichten 48.

Dillman, Don A., Smyth, Jolene D. und Christian, Leah Melani, 2009: Internet, Mail, and Mixed-Mode Surveys: The Tailored Design Method. New Jersey: John Wiley & Sons.

Esser, Hartmut, 1986: Über die Teilnahme an Befragungen. S. 38-47 in: ZUMA-Nachrichten 18.

Faulbaum, Frank, *Prüfer, Peter* und *Rexroth, Margrit*, 2009: Was ist eine gute Frage?: Die systematische Evaluation der Fragenqualität. Wiesbaden: VS Verlag für Sozialwissenschaften.

Funke, Frederik, 2005: Visual Analogue Scales in Online Surveys. Paper presented at the General Online Research (GOR'05) conference, Zurich, March.

Galesic, Mirta und *Bosnjak, Michael*, 2009: Effects of questionnaire length on participation and indicators of quality of answers in a Web survey. Public Opinion Quarterly, 73(2), 349-360.

Gerhards, Maria und *Annette Mende*, 2004: Offliner 2004. Anpassungsdruck steigt, Zugangsbarrieren bleiben bestehen, Media Perspektiven 8/2004: 350-370.

Globalpark 2010, Handbuch Enterprise Feedback Suite, Hürth

Gockenbach, Sven, 2003/2004: Befragtenverhalten bei Online-Befragungen. Universität Mannheim, Fakultät für Sozialwissenschaften, Diplomarbeit 2003/2004.

Göritz, Anja, 2005: The long-term effect of material incentives on participation in online panels, unveröffentlichtes Manuskript.

Gräf, Lorenz, 1999: Optimierung von WWW-Umfragen: Das Online Pretest-Studio. S. 159-177 in: *Bernard Batinic, Andreas Werner, Lorenz Gräf,* und *Wolfgang Bandilla* (Hg.): Online Research, Methoden, Anwendungen und Ergebnisse, Göttingen: Hogrefe.

Gräf, Lorenz, 2001: Optimierung von WWW-Umfragen. Three Years after. Vortrag auf der GOR01 in Göttingen, http://www.psych.uni-goettingen.de/congress/gor-2001/contrib/graef-lorenz.

Gräf, Lorenz, 2003: Internet Access Panels in der Praxis. S. 255-270 in: *Axel Theobald, Marcus Dreyer* und *Thomas Starsetzki* (Hg.), Online Marktforschung, 2. Auflage. Wiesbaden: Gabler Verlag.

Groves, Robert M., 1989: Survey Errors and Survey Costs. New York: John Wiley & Sons.

Groves, Robert M., Fowler, Jr, Floyd J., Couper, Mick P., Lepkowski, James M., Singer, Eleanor und *Tourangeau, Roger*, 2009: Survey Methodology. New Jersey: John Wiley & Sons.

Joinson, Adam N., und *Ulf D. Reips*, 2007: Personalized Salutation, Power of Sender and Response Rates to Web-based Surveys. Computers in Human Behavior.

Kaczmirek, Lars, 2008: Human-Survey Interaction: Usability and Nonresponse in Online Surveys. Cologne: Halem Verlag.

Krosnick, Jon A., Sowmya Narayan, und *Wendy R. Smith,* 1996: Satisficing in surveys: Initial evidence. S. 29-44 in: *Marc T. Braverman* und *Jana K. Slater* (Hg.), Advances in survey research. San Francisco: Jossey-Bass.

Lewandosky, Pina und *Francis Zeischegg*, 2002: Visuelles Gestalten mit dem Computer. Reinbeck: Rowohlt.

Lozar Manfreda, K., Bosnjak, M., Berzelak, J., Haas, I. und *Vehovar, V.*: 2008: Web surveys versus other survey modes: A meta-analysis comparing response rates. International Journal of Market Research, 50(1), 79-104.

Nielsen, Jacob, 2000: Designing Web Usability: The Practice of Simplicity. Indianapolis: New Riders.

Reips, U.-D., 2001: The Web Experimental Psychology Lab: Five Years of Data Collection on the Internet. Behavior Research Methods, Instruments, & Computers, 33 (2): 201-211.

Schön, Harald, 2004: Online-Umfragen – schnell, billig, aber auch valide? Ein Vergleich zweier Internetbefragungen mit persönlichen Interviews zur Bundestagswahl 2002, ZA-Information 55: 27-52.

Taddicken, Monika, 2008: Methodeneffekte bei Web-Befragungen. Einschränkungen der Datengüte durch ein ‹reduziertes Kommunikationsmedium›?. Köln: Halem Verlag.

Tourangeau, Roger, *Mick P. Couper* und *Frederick Conrad*, 2004: Spacing, Position, and Order - Interpretative heuristics for visual features of survey questions. Public Opinion Quarterly 68: 368-393.

Tourangeau, Roger, *Rips, Lance J.* und *Rasinski, Kenneth*, 2000: The Psychology of Survey Response. Cambridge, UK: Cambridge University Press.

Tuten, Tracy L., *Mirta Galesic* und *Michael Bosnjak*, 2004: Effects of immediate versus delayed notification of prize draw results on response behavior in Web surveys – An experiment. Social Science Computer Review 22: 377-384.

Tuten, Tracy L., *David J. Urban* und *Michael Bosnjak*, 2002: Internet Surveys and Data Quality - A Review. S. 7-26 in: *Bernard Batinic, Ulf D. Reips* und *Michael Bosnjak* (Hg.), Online Social Sciences. Seattle, WA: Hogrefe & Huber Publishers.

Walker, David, *Smith, Dale* und *Stevens, Chris*, 2004: Is it the nation that speaks or are we listening to geeks?, ESOMAR Congress 2004

Welker, Martin, *Werner, Andreas* und *Scholz, Joachim*, 2005: Online-Research. Markt- und Sozialforschung mit dem Internet. Heidelberg: dpunkt.verlag.